LOS OTROS HIJOS DE HEFESTO

Uso y fabricación de herramientas en animales no humanos

Daniel García Raso

JAS Arqueología Editorial

Todos los derechos reservados. El contenido de esta obra está protegido por Ley. Queda totalmente prohibida cualquier forma de reproducción de la misma, sin consentimiento expreso del editor. Si necesita fotocopiar o escanear algún fragmento de esta obra diríjase al Editor www.jasarqueologia.es

Primera Edición, marzo de 2013

© De la edición:
JAS Arqueología S.L.U.
Plaza de Mondariz, 6
28029 - Madrid
Editor: Jaime Almansa Sánchez

© Del texto:
Daniel García Raso

© De la imagen de portada:
Marcos Huete Ortega
marcoshueteortega.com

ISBN: 978-84-941030-0-1 (papel) / 978-84-941030-1-8 (Kindle)

Depósito Legal: M-9303-2013

Imprime: ServicePoint www.servicepoint.es

Impreso y hecho en España - Printed and made in Spain

LOS OTROS HIJOS DE HEFESTO

Uso y fabricación de herramientas en animales no humanos

Daniel García Raso

JAS Arqueología Editorial

*Para mis padres,
por ser una fuente constante e inagotable de
comprensión, apoyo y seguridad*

La palabra humana distorsiona mi vieja verdad de mono

Franz Kafka
Informe para una academia (1917)

Siempre es peligroso intentar extraer lecciones morales a partir del proceso ciego y amoral de la evolución. Pero, si realmente podemos sacar alguna lección de aquí, esta sería que todas las criaturas surgidas de la evolución son importantes en sí mismas. Todas ellas han conseguido dar con maneras únicas de sobrevivir contra toda probabilidad. Y eso es algo que hay que respetar y valorar.

Stephen Budianski
Si los animales hablaran... no les entenderíamos (1998)

1. INTRODUCCIÓN: MÁS ALLÁ DEL ORDENADOR

Hefesto, hijo de Zeus y de Hera (o solo de Hera en otras versiones) era, principalmente, el dios del fuego en la mitología de la Antigua Grecia. Del fuego —quizás una de las mayores herramientas descubiertas por el ser humano— derivan otras de sus responsabilidades como divinidad: dios de los herreros y del resto de artesanos, de los metales y de la metalurgia e, incluso, de los escultores y otros artistas; desde su fragua forjó las mejores armas y herramientas para dioses y mortales, utilizando para ello otros tantos instrumentos previamente fabricados. En muchos aspectos, Hefesto era, simplemente, la encarnación ideal de la capacidad humana para utilizar y fabricar herramientas, una destreza que durante mucho tiempo se pensó que era dominio exclusivo de la humanidad y baluarte en el que radicaba la verdadera diferencia entre el ser humano y el resto de animales. La innegable relevancia de esta habilidad conductual para el ser humano la observamos en el hecho de que en la mayoría de las religiones antiguas politeístas existen divinidades similares a Hefesto en funciones y características: desde el Vulcano romano al Vishua Karma hindú pasando por el Goibniu celta o el Ptah egipicio.

No en vano, la conducta instrumental (el nombre científico para el uso y fabricación de herramientas) permitió a la humanidad escapar de la dependencia total hacia la naturaleza, aumentar su eficacia en muchas actividades de la vida diaria y hacer su existencia bastante más cómoda: ya no había que esperar a que un rayo prendiera un árbol para poder conseguir fuego, pues las piedras y los palos se convirtieron en primigenios y rudimentarios mecheros con los que producir llamas; piedras, madera y metales sirvieron también para fabricar los primeros utensilios para la caza, los primeros cubiertos y las primeras herramientas en sentido estricto, es decir, combinaciones de útiles y objetos utilizadas para fabricar otros tantos artilugios (martillo y clavos para hacer una mesa, por ejemplo); así, hasta llegar a nuestra época actual, cuando la vida es incomprensible (e imposible) sin herramientas, y donde muchos de los servicios básicos que demanda la sociedad dependen en última instancia de máquinas o herramientas inteligentes, como el ordenador.

Lo extraordinario de la conducta instrumental para el devenir de la evolución humana contrasta con la nefasta descripción que la leyenda hacía de Hefesto, quien, lejos de representar un ideal bello (propio de un dios sobre el que recae la responsabilidad de crear herramientas y armas y proteger a los artesanos), era feo, deforme, cojo y hediondo. Esta injusticia estética es similar, en su forma, a la soberbia que puede percibirse en el modo en que la humanidad ha juzgado la conducta instrumental de animales distintos a ella. Así, la progenie de Hefesto no la conformó solo la especie *Homo sapiens sapiens*, sino que la arrogancia de esta y su profundo ensimismamiento ocultaron a sus otros vástagos durante mucho tiempo, como si fueran una amenaza hacia su estatus de especie suprema.

Pese a esta treta histórica, la verdad es que en la Antigüedad y otras épocas subsiguientes se percibió que la capacidad de utilizar elementos ajenos al propio cuerpo como forma de conseguir determinadas metas no era dominio único del ser humano y su ascendencia. Caso aparte lo constituyen las tribus y otras poblaciones tradicionales de algunas zonas de África, América o Asia donde pululan especies animales muy diestras a la hora de utilizar y fabricar herramientas; para ellos, no fue nada nuevo lo que la ciencia *descubriría* posteriormente: sus antepasados lo sabían desde tiempos inmemoriales, y así lo habían transmitido generación tras generación.

No obstante, en Occidente tenemos la irrespetuosa manía de no reconocer la existencia de una determinada realidad empírica (una especie, un planeta, un invento, un continente, etc.) hasta que no es descubierta por nosotros, con nuestros métodos y a través de nuestros ojos. De este modo, con la llegada de la ciencia moderna (especialmente a lo largo del siglo XIX y, sobre todo, durante el siglo XX) las observaciones se sucedieron una tras otra: en esta especie o en aquella; en este primate o en aquel ave... El asombro inicial, previsto pero incontenible, dio lugar a una poderosa evidencia que hizo prácticamente imposible seguir pensando que el ser humano, entre otras grandiosas excepcionalidades, era el único animal capaz de utilizar y fabricar herramientas. Por ello, y como consecuencia de las observaciones y estudios realizados por intrépidas mujeres y hombres perseverantes, el mito del *Homo faber* fue siendo desmontado pieza por pieza.

La imagen ya no sorprende. Un chimpancé localiza un hormiguero. Las hormigas le gustan mucho: son una golosina muy rica y nutritiva; pero muerden, y su mordedura hace daño... así que hay que utilizar algo para comerse la merienda. A pocos metros del hormiguero divisa un arbusto lleno de ramas. Se acerca: las inspecciona. Al fin, escoge una rama que no es demasiado larga ni demasiado gruesa para ejecutar la acción que quiere llevar a cabo. Primero, la arranca del arbusto; después, la despoja de ramitas, hojas y otros apéndices hasta crear algo parecido a un eficaz palillo. A continuación se acerca al hormiguero e introduce el palillo por la abertura; las hormigas comienzan a invadir el palillo: ya solo le resta zampárselas.

El chimpancé es el animal —después del ser humano— más diestro, variado y efectivo a la hora de utilizar y fabricar herramientas. Pero no es el único: el bonobo, el orangután, el gorila, el gibón, el macaco, el papión o el mono capuchino son otros primates no humanos que, sin muchos problemas, hacen gala de muchos comportamientos que requieren la utilización o fabricación de instrumentos. Pero los primates tampoco son los únicos: el elefante, la nutria marina, aves, peces o, incluso, hormigas se sirven —y muchas veces también fabrican— de herramientas para acceder a un alimento que de otro modo no podrían conseguir, para defenderse, para deshacerse de sustancias molestas, para acicalarse, para atacar...

Mucha gente piensa que este tipo de comportamientos son menos complejos que los que muestra el ser humano a la hora de usar y crear herramientas... y tienen razón. Nunca veremos a un chimpancé abrirse una cuenta en *Facebook* para informar a sus contactos de que se acaba de cortar el pelo o de que le pica el trasero; del mismo modo, es improbable que escriba treinta *tweets* diarios. Que no se malentienda el sarcasmo, porque es ambivalente. Por un lado, refleja el nivel de desfachatez al que ha llegado la conducta instrumental humana, que utiliza un potencial cognitivo enorme en tareas tan nimias como las redes sociales, fenómeno contemporáneo en el que mucha gente se pasa conectada horas y horas (quien escribe no es, en absoluto, una excepción); y por otro, nos da una información muy precisa sobre la complejidad de la conducta instrumental humana, ya que algo tan intelectualmente soso, en apariencia, como las redes sociales, es el resultado de más de un millón de años de coevolución *tecnopsicológica*. Es impepinable: el ser humano es el animal que más —y mejor— ha sabido rentabilizar la conducta instrumental. Sus habilidades al respecto no tienen parangón posible en el Reino Animal; la cultura material creada a partir de ellas es infinitamente variada y funcional; y de ellas derivan, en parte, la escritura, la música, el arte y otros campos en los que entra en juego el simbolismo, la lógica o las matemáticas: como utilizar *Facebook*. Somos los reyes de la conducta instrumental, aunque en los últimos cincuenta años la utilicemos, muchas veces, para cosas que son irrelevantes respecto a nuestra supervivencia como especie. No obstante, en este sentido, no hay que perder de vista a ciertos individuos de otras especies, que, si bien no nos van a agregar como amigos en una red social, sí que han echado una partidita al videojuego *Pac-Man*, caso del bonobo Kanzi.

Hay que tener claro, aunque resulte una absurda obviedad, que el ordenador no es la única herramienta que existe, ni el coche ni un silbato, ni siquiera un cuchillo... Más allá del ordenador existen herramientas simples pero altamente eficientes; herramientas que en su día hubieron de ser utilizadas por el ser humano y sus antepasados concienzudamente, herramientas como hojas, palos y piedras (modificados o sin modificar) que permiten la fabricación de otros instrumentos y conseguir las más distintas metas; herramientas, en definitiva, que tienen una raíz biológica y no son una creación cultural del ser humano.

Por otro lado, y como broche a esta breve introducción, cabría plantearse la idoneidad que representa la conducta instrumental humana a largo plazo. El etólogo[1] y experto en conducta instrumental, Benjamin Beck, reflexionaba en 1982 en torno a esta idea del siguiente modo:

> *Por supuesto, los humanos, al final, comenzaron a dar energía a sus herramientas con algo más que gravedad y su propia fuerza metabólica, y de este modo inventaron la tecnología. El impacto sin precedentes de la tecnología en el medio físico y biológico, y la incertidumbre acerca de la continuidad de las fuentes de energía para sostener este esfuerzo tecnológico, han conducido a muchos a predecir la extinción del estilo de vida humano, las especies animales o el planeta mismo. Con una ironía final, la conducta instrumental no sería solo despojada de su papel como principal motor de nuestra especie, sino que sería también replanteada como el origen del motor de nuestra destrucción.*

Lo que podríamos denominar como la *paradoja de la herramienta* sigue tan vigente hoy como hace treinta años, y nos hace estremecernos de solo pensar que un comportamiento adoptado por una especie para hacer más fácil su rutina ecológica, al final puede acabar convirtiéndose en la matriz conductual del peor de los apocalipsis. La conducta instrumental adquiere, por tanto, un valor añadido al revelarse que en ella reside el origen técnico de muchas de las lacras de la civilización moderna (guerra, contaminación,

---

[1] La Etología es la disciplina que estudia el comportamiento animal, incluyendo, claro está, el humano. Tradicionalmente, los etólogos se han formado en dos campos de dos ciencias distintas: la Zoología (parte de la Biología) y la Psicología Experimental (parte de la Psicología).

deforestación, calentamiento global...), que, cada vez más, atacan la ya afectada vida de nuestro planeta; necesariamente, se revela como un hecho ineludible y de profundo interés, tanto para el docto como para el profano, que requiere (casi demanda) ser conocido.

Y esa es la intención latente de este libro: ofrecer una visión en compendio de la conducta instrumental en animales no humanos como realidad inexcusable de la naturaleza y del comportamiento animal. Así, por ejemplo, repasaremos su definición como fenómeno científico, las hipótesis sobre su origen o su condición cultural, entre otras disquisiciones. Por supuesto, se expondrán los casos más notorios de todas aquellas especies animales —excepto el ser humano y sus ancestros evolutivos— en los que ha sido observada regular y habitualmente la conducta instrumental, desde los invertebrados a los peces, de las aves a los mamíferos, de los prosimios a los grandes simios.

Si bien nos centraremos en los animales no humanos, será necesario acudir a *Homo sapiens sapiens* y sus antepasados en vistas a una mayor clarificación del texto y como recurso comparativo, pues este tipo de conductas, así como muchas otras, han sido utilizadas para intentar clarificar nuestro pasado más lejano: nuestra prehistoria. Pero como se ha dicho, nuestro interés se centra en los otros hijos de Hefesto, que después de mucho tiempo en la orfandad han recuperado el cobijo de un padre que un día les fue arrebatado por sus hermanos humanos.

2. ANTROPOCENTRISMO, ANTROPOMORFISMO Y LA POLÉMICA SOBRE LA CULTURA

Todas las ciencias tienen un objeto de estudio (la mente, la vida, las sociedades, la materia, el cosmos o el pasado material, por ejemplo), pero solo algunas al ser humano: son las denominadas ciencias sociales. Este hecho provoca que cuando se mira al resto de especies animales, un sentimiento de superioridad, tal vez no consciente, y una marcada incapacidad para entender su comportamiento de otra manera que no sea a través del modo de pensar humano emergen de una manera tan natural como irrefrenable. Hay ciencias sociales que, *a priori*, no tendrían que tener ningún interés en el resto del mundo animal, como la Sociología, pero muchas otras se ven de lleno involucradas con él, pues muchas veces tienen que trabajar con entes biológicos distintos al ser humano; así le sucede a la Psicología o la Antropología. Y, cuando tienen que hacerlo, las actitudes y juicios indicados más arriba no tardan mucho en aparecer; es lo que se conoce, respectivamente, como *antropocentrismo* y *antropomorfismo*.

Uno de los primeros investigadores que estudió a los chimpancés, Wolfgang Köhler, ya manejaba el término antropocentrismo, para referirse a una «atribución infundada al animal», lo cual no quería que se aplicase a las conclusiones que él estaba sacando de su investigación con los chimpancés de La Casa Amarilla[2] de Tenerife, cuando, por ejemplo, describe como «pensativa» la actitud de un chimpancé ante un determinado problema.

---

2 En este momento, la Asociación Wolfgang Kohler lucha por salvar La Casa Amarilla del feroz avance del urbanismo y ha solicitado su transformación en museo. No es para menos para un lugar donde, en parte, nació la Primatología moderna.

La reflexión de Köhler representa muy bien el significado de antropocentrismo, es decir, el proceso mental e ideológico por el que tendemos a colocar las capacidades del ser humano como balanza sobre la que juzgar el comportamiento del resto de los animales. Así, en la mayoría de las ocasiones, cuando se estudia la inteligencia de otras especies, se hacen diseños experimentales que intentan comprobar la destreza de determinado individuo en superar con éxito una prueba que un humano resolvería sin demasiadas complicaciones: manejar números, recordar imágenes, utilizar una herramienta, la moralidad, el aprendizaje... Bajo este prisma humano, los animales se muestran inteligentes o vengativos, por ejemplo, si muestran un comportamiento parecido al que mostramos nosotros en esas mismas situaciones.

El antropocentrismo siempre está presente en los estudios con animales no humanos, pese a los intentos por controlarlo. Así, no es científicamente justo decir que cierta especie no sea inteligente porque no ejecute un determinado comportamiento con los mismos pasos y las mismas reglas con los que lo hace un ser humano. Lo idóneo sería poder crear situaciones experimentales que no estén impregnadas de esencia humana, pero es difícil, ya que por nuestra propia evolución histórica, creemos que somos el mejor resultado posible que ha dado la selección natural y la evolución.

El antropocentrismo lleva a muchos arqueólogos y antropólogos a mirar con desdén la fabricación y el uso de herramientas que realizan otros animales. Es indudable que nuestra conducta instrumental ha alcanzado una complejidad sin parangón posible; sin embargo, no puede entenderse evolutivamente sin el ejemplo que encontramos en otros miembros del Reino Animal. Hay comportamientos que son exclusivos del ser humano, y otros que lo son del jilguero, por ejemplo, pero en ocasiones, como en la fabricación y uso de herramientas, existen unas raíces evolutivas comunes. La evidencia científica, por ahora, solo nos permite afirmar que los primeros animales en usar herramientas fueron los primeros homínidos, los ancestros del ser humano, ya que tenemos pruebas de que lo hacían hace dos millones de años. Sin embargo, con todas las observaciones que se han realizado en otros primates, podemos inferir indirectamente que antes de esa fecha, probablemente, también se usaran y fabricaran herramientas, de la misma manera que, conjeturalmente, se piensa que los primeros homínidos usaron y fabricaron herramientas de materia orgánica de un modo parecido a como lo hacen el chimpancé o el orangután.

Por otro lado, los humanos somos los únicos animales que utilizamos una herramienta para fabricar otra (lo que se conoce como *uso de metaherramientas*), y, también, somos aquellos que han logrado crear unas herramientas de una complejidad inigualable. El problema del antropocentrismo en el estudio del comportamiento animal no humano es similar en forma (salvando la amplia brecha histórica y moral existente) a lo que ocurría en los albores de la antropología con el *etnocentrismo*, es decir, la creencia de que la propia cultura es superior a cualquier otra. Los primeros antropólogos, de este modo, veían en las culturas tradicionales (bandas, tribus, jefaturas…) a pueblos primitivos menos desarrollados, menos evolucionados culturalmente, que no eran merecedores de la definición de civilización; simplemente porque no se ajustaban al rasero occidental[3]. Un chimpancé, por contra, puede ser tildado de tonto, o decirse que es menos evolucionado, por no saber comerse un filete con cuchillo y tenedor.

Un caso similar en apariencia, aunque distinto en contenido, al del antropocentrismo es el del antropomorfismo, que podemos definir como la tendencia humana a atribuir a otros animales conductas, pensamientos o, incluso, sentimientos de los que disfruta nuestra especie. Tal vez, este sea un problema mayor para investigar la conducta de otros animales, pues, por ejemplo, cuando se investigan las relaciones sociales en animales, no es raro que, muchas veces, se utilice el término *amistad* para referirse a ciertas

---

[3] El etnocentrismo (cargado también del racismo más hiriente) llevó a que, por ejemplo, en las primeras exposiciones universales (la de París de 1878, la de Londres en 1889 o la de San Luis en 1904), junto a la tecnología más puntera para la época, se exhibiera a poblaciones tribales provenientes de las colonias asiáticas o africanas de un modo muy parecido al que podemos ver a los animales en un parque zoológico. En ocasiones, incluso, respecto a poblaciones africanas, se ponía un cartel informativo que decía: «No den de comer al negro».

observaciones que se hacen dentro de un grupo de individuos. Es obvio que dentro de su propio grupo social muchos animales se llevan mejor con unos que con otros, pero hablar de amistad, sin embargo, en los términos en los que nosotros la entendemos, no es apropiado. No se trata de minusvalorar las relaciones sociales del resto de animales, sino de intentar comprender que a lo mejor no funcionan de la misma manera que las nuestras. La alternativa sería inventar otra palabra, o utilizar alguna menos humanizada que amistad (*alianza* es una opción), aunque, muchas veces, algunos científicos (o dos humanos que pasean a sus perros y ven que estos juegan sin parar) no dudan en describir a un par de sujetos como amigos.

Un gran *pero* que nos impediría hablar de amistad en animales (al menos en sentido estricto) es que podemos definir la cercanía espacial y temporal de dos individuos como amistad, pero en el momento en el que esa relación se trunca, puede ser que no observemos una reacción igual a la que se da en el ser humano. En nuestras relaciones sociales existen amistades de varios años que se terminan y jamás se recuperan: sobrevive un rencor. Sin embargo, según algunas investigaciones los chimpancés pueden ser vengativos, pero no son rencorosos, y si tienen problemas con algún aliado tarde o temprano esa relación se recupera mediante un acto de reconciliación. Los humanos también nos reconciliamos, por supuesto, pero casos de chimpancés que dejen de relacionarse para siempre por un conflicto aún no se han observado.

El antropomorfismo alcanza cuotas extremas, y, en algunos casos, ciertamente ridículas, como es el hablar de *amor* entre los animales, como hace la antropóloga Helen Fisher en su libro *Por qué amamos. Naturaleza y química del amor romántico*, algo atractivo desde un punto de vista comercial, pero alejado del sentido crítico que la ciencia debe tener. No es que el emparejamiento no afecte la vida del resto de los animales, para los cuales la reproducción es igual de ineludible que para nosotros, pero es altamente improbable que un animal pase tres años (o toda su vida) intentando superar una ruptura amorosa. Ahora puede dar la impresión de que yo soy el antropocentrista, pero nada más lejos de la realidad, pues lo que se intenta es hacer comprender que no podemos interpretar el comportamiento animal buscando siempre un correlato fijo e inamovible con el proceder conductual humano. El gran divulgador sobre el comportamiento animal, Stephen Budiansky, contempla el antropomorfismo del siguiente modo en su libro *Si los animales hablaran... no les entenderíamos*:

> *Es lógico categorizar las conductas de los perros desde la perspectiva que mejor conocemos. Si un perro defeca encima de la alfombra persa y, cuando llegamos a casa, nos recibe llorando, decimos sin vacilar que se siente culpable por lo que ha hecho. Cuando un caballo nos arrima el hocico, decimos que le gustamos (o incluso que nos quiere). Si somos especialmente competitivos, decimos que a nuestro perro o a nuestro caballo le gusta ganar premios en los concursos. Si nos sentimos afines al misticismo New Age, podemos explicar el hecho de que una leona se coma a su propio cachorro, después de que un macho de otro grupo le haya matado, de la manera siguiente: quizá la leona se siente más cercana a su retoño cuando este vuelve a ser parte de su cuerpo. Tal vez su amor de madre no le permite contemplar la visión de los despojos. Se podría considerar un rito funerario felino. O puede ser que, simple y llanamente, estuviera hambrienta. Muchos ven el antropomorfismo, la tendencia a interpretar las acciones de los animales desde la perspectiva de nuestras propias intenciones, pensamientos y motivos conscientes, como un acto de generosidad para con las otras especies y una muestra de nuestra propia humildad. El mayor cumplido que puede hacerse desde la perspectiva sería decir: ¡eres casi humano! Pero quizá una evaluación más honesta del antropomorfismo nos obligaría a admitir que no es más que una demostración de nuestra falta de imaginación, por no decir que no es más que el reflejo de una obediencia compulsiva a un instinto incrustado en nuestros genes a lo largo de millones de años de evolución (...) La selección natural puede haber favorecido nuestra tendencia a antropomorfizar*

Si, actualmente, tuviéramos que elegir un rasgo conductual que realmente nos definiera como especie, tendríamos que decantarnos por nuestra capacidad para predecir y comprender los gestos, los estados emocionales, las intenciones y los conocimientos y las creencias de nuestros semejantes. En la mayoría de las ocasiones podemos predecir que si no acudimos a una cita o llegamos tarde, la persona se molestará y, seguramente, nos definirá de muchas maneras distintas; todo eso antes de que pase. Es realmente ahí, en esa capacidad que se ha convenido en llamar *teoría de la mente*[4], donde, en la actualidad, se ha impuesto el límite entre el ser humano y los grandes simios (los animales con una tecnología biológica más compleja después de nosotros) y, por tanto, con el resto de los animales no humanos. Probablemente, este producto de nuestra evolución es, asimismo, la maquinaria mental que nos lleva a buscar lo mismo que fisgamos en nuestra especie en los demás miembros del Reino Animal.

Intentando tener controlado el antropocentrismo y el antropomorfismo se han llevado a cabo investigaciones sobre el comportamiento animal que no dejan de sorprendernos y maravillarnos, y que hacen que nos miremos a nosotros mismos de manera más humilde y, sobre todo, introspectiva; porque a través del estudio del comportamiento animal no humano también nos conocemos a nosotros mismos. Así, el llamado *elitismo biológico* de nuestra especie (en palabras de los psicólogos y primatólogos Josep Call y Michael Tomasello) comienza a verse amenazado.

Desde entonces sabemos que los primates no humanos, dentro de sus sociedades, se enfrentan a problemas que pueden elevar su ansiedad del mismo modo que cualquiera de los altercados que *disfrutamos* en la sociedad humana. En efecto, los primates se mueven dentro de un laberinto social tan estresante como el nuestro, donde, a veces, se da la cooperación, otras la competición y, muchas veces también, la tolerancia, entendiéndose en un contexto de relaciones sociales individualizadas. Sabemos, igualmente, que

---

[4] No se trata de una teoría científica, sino que se refiere al proceso por el cual hacemos predicciones e hipótesis sobre cómo se encuentra la mente de otros.

los chimpancés son capaces de reconocerse a sí mismos frente a un espejo, y que en la comunicación animal, especialmente la de algunas especies de primates no humanos, puede hallarse el origen evolutivo de nuestro lenguaje. También se han observado casos en los que ciertos chimpancés han utilizado el engaño intencional, esto es, por ejemplo, disimular tras haber hecho algo que saben que no deberían haber hecho o distraer la atención de un humano para conseguir una meta que este les impedía conseguir. Incluso hemos podido ver a un bonobo, Kanzi, manejar símbolos para comunicarse y, al parecer de los investigadores, utilizar reglas gramaticales. Kanzi, incluso, es capaz de echarse una partidita al videojuego Pac-Man[5].

Pero de todas estas investigaciones, sin duda, la que más interesa a la Antropología y la Arqueología, dos ciencias que estudian la cultura humana, y la que más hiere el antropocentrismo, es el controvertido tema de la cultura no humana.

El debate en torno a la cultura

La cultura —con c minúscula, como diferencian los antropólogos para referirse a una actividad determinada (cultura de la música, cultura de la artesanía, cultura de la informática...) o para diferenciar las costumbres de unas poblaciones y otras, no la Cultura en sentido de erudición— se ha observado tradicionalmente como un dominio exclusivo del ser humano y sus antepasados evolutivos. Pero desde que, en concreto, se observó un nuevo tipo de comportamiento en los macacos japoneses (*Macaca fuscata*) durante la segunda mitad del siglo xx, y, sobre todo, con los nuevos comportamientos que se han ido descubriendo en el chimpancé y en otros animales no humanos (como peces o aves), este tesoro conductual de *Homo sapiens sapiens* ha ido siendo profanado poco a poco.

El asunto no está, para nada, claro ni zanjado, pero por lo pronto ya se ha sembrado la duda de que la conducta cultural sea

---

5 http://www.ted.com/talks/susan_savage_rumbaugh_on_apes_that_write.html)

única de nuestra especie y sus antepasados más directos, y ha dejado de ser estudiada en exclusiva por los antropólogos, convirtiéndose en objeto de debate de otras disciplinas científicas. Se habla mucho de *Primatología cultural* o de *panantropología cultural* (de *Pan*, el nombre científico del género de los chimpancés), pero a los primates no humanos hemos de sumar los comportamientos que muchos científicos han juzgado como culturales en cetáceos, aves o peces, por lo que la cuestión es, en realidad, sobre la cultura no humana.

La opinión generalizada dentro de la Antropología Social es que la cultura es algo idiosincrásicamente humano y algo que tiene que ser transmitido socialmente (ver apéndice 1). Sin embargo, algunos antropólogos sociales reconocen que existe una cultura no humana, aunque la diferencian claramente de la cultura humana, y otros parece que se resisten a hacerlo pese a tolerar ciertas concesiones hacia el mundo animal no humano.

Como se ha señalado, todo comenzó en Japón en los años cincuenta del siglo xx, cuando un primatólogo japonés, Kinji Imanishi[6], alentó al resto de sus colegas etólogos a buscar diferencias conductuales entre especies y entre grupos de la misma especie, asumiendo que tales comportamientos eran fruto de algún tipo de aprendizaje o transmisión social y que no eran genéticos o innatos. La especie *Macaca fuscata* o macaco japonés y su lavado de batatas se convirtieron pronto en noticia. Así, se observó que Imo, una hembra infantil de la tropa de la isla de Koshima, produjo un nuevo tipo de comportamiento en septiembre de 1953 mediante el cual, por innovación individual (ningún miembro de su grupo lo había hecho antes), se dedicó a lavar las batatas en agua para quitarles la arena antes de comérselas. En 1954, su madre y un compañero macho comenzaron a lavarlas también, y entre 1955 y 1956 otros 3 miembros del linaje de Imo aprendieron la nueva conducta. Para 1962, 36 de los 46 individuos por debajo de los dos

---

[6] Hay que señalar que tal interés de Imanishi puede deberse, paradójicamente, a una diferencia cultural, ya que la escuela japonesa de Primatología se distingue claramente de la occidental en el gran valor que da a un sentimiento de empatía con la naturaleza, provocado por la tradición espiritual budista, que enfatiza la afinidad de todos los seres vivientes, lo que hace que un alto grado de antropocentrismo y antropomorfismo no pueda ser evitado.

años de edad lavaban las batatas antes de comérselas. El lavado de batatas ya no era nuevo, y, desde entonces, se ha convertido en una costumbre dentro de la tropa de Koshima que atrae a curiosos y numerosos visitantes. Además, los que más rápido adquirieron el nuevo comportamiento fueron los individuos más jóvenes (los más proclives a aprender) de la tropa e Imo pertenecía a uno de los linajes dominantes (los más proclives a transmitir o a servir como modelo).

Después, los miembros de la tropa de Koshima inventaron también otro nuevo tipo de comportamiento, mediante el cual podían comer, sin las molestias que causa la arena, los granos de trigo que se encontraban esparcidos por su territorio; los cogían mezclados con arena y los echaban sobre el agua: al flotar el trigo y hundirse la arena, podían consumirlo limpiamente. Sin embargo, una crítica muy acertada a estas observaciones es que tanto las batatas como el trigo fueron proporcionadas por los cuidadores de los animales, y el comportamiento estaría altamente influenciado por la actividad humana.

Pese a todo, el ejemplo de los macacos japoneses abrió la veda para la búsqueda de comportamientos culturales en otros primates y otros animales no humanos, y los que parece que tienen todas las papeletas para ostentar tal honor son los chimpancés. El primatólogo catalán Jordi Sabater Pi fue de los primeros investigadores en percatarse de que los chimpancés podrían poseer una conducta cultural, y es por ello que, siendo cauto en sus planteamientos, hablaba de *protoculturas*. Las conclusiones de Sabater Pi son bastante arqueológicas, pues se basan en la materia prima con la que los chimpancés fabrican su cultura material para definir tres zonas culturales distintas. En su obra más accesible para un lector no especializado, *El chimpancé y los orígenes de la cultura*, expuso lo que, a su entender, eran las tres áreas culturales del chimpancé:

-*Área de las piedras del África occidental.* Se corresponde con la subespecie *Pan troglodytes verus* y su definición le viene porque los chimpancés de esta zona, que abarca países como Costa de Marfil, Guinea o Liberia, utilizan piedras (y también objetos de madera) como martillos y yunques para romper la cáscara de algunos frutos que se encuentran en su territorio.

-*Área de los bastones del África centro-occidental.* La subespecie aquí es *Pan troglodytes troglodytes* y se extiende por Guinea Ecuatorial, Camerún o Gabón. Aquí es dónde Sabater Pi realizó sus propias investigaciones, percatándose de que los chimpancés de este territorio utilizaban bastones para excavar termiteros y acceder al gran aporte proteínico que representan las termitas.

-*Área de las hojas del África oriental.* Se trata de la zona donde Jane Goodall llevó a cabo sus observaciones, es habitada por la subespecie *Pan troglodytes schweinfurthii* y comprende países como Tanzania o Ruanda. Su nomenclatura le viene porque aquí los chimpancés utilizan nerviaciones de hojas y otros recursos parecidos (como pequeñas ramas) para proceder a la pesca de termitas.

Aparte de estos comportamientos que envuelven herramientas y cultura material, los chimpancés tienen también comportamientos culturales de naturaleza social, como el *golpe de nudillos*, que se realiza en superficies duras para atraer la atención de una hembra durante el cortejo, o como el *espulgamiento de broche de mano*, en el que dos chimpancés se espulgan con una de sus dos manos mientras la otra se enlaza con la del compañero y se levanta hacia arriba. De estos y otros comportamientos de los chimpancés existen pocas dudas ya de que puedan categorizarse como culturales, ya que no se encuentran en todas las zonas donde viven chimpancés, sino solo en algunas. Como veremos en mayor profundidad cuando examinemos la cultura en chimpancés, de los 65 tipos de comportamiento que llevan a cabo los chimpancés, hay 39 de los que una parte importante de la comunidad científica no tiene duda de que pueda denominárseles como culturales.

Otros célebres animales culturales son los cetáceos. En un artículo publicado en la revista *Behavioral and Brain Sciences* en 2001, los biólogos Luke Rendell y Hal Whitehead provocaron inopinado revuelo, tanto en las ciencias naturales como en las ciencias sociales, al atribuir la capacidad de cultura a estos mamíferos marinos. Ellos, sin embargo, creen que hay evidencia suficiente para ello: por los crecientes indicios de transmisión cultural y de evolución cultural en cetáceos; porque se han observado patrones de variación conductual en estado de libertad entre distintas poblaciones; porque tanto en sus sistemas sociales como en su cognición igualan o superan a cualquier otro animal no humano; y, por último, porque «proveen un interesante contraste para el estudio de la cultura en humanos y otros animales terrestres, puesto que habitan un medio radicalmente diferente».

Entre muchos de los comportamientos definidos como culturales cabe destacar las canciones producidas por la ballena jorobada (*Megaptera novaeangliae*). En una determinada población los machos emiten una canción como forma de anunciar su período reproductivo, canción que es prácticamente igual en poblaciones muy alejadas unas de otras (hasta 4.500 km). Sin embargo, la canción puede variar transcurridos dos años, y, cuando lo hace, el cambio afecta a todas las poblaciones, pese a la gran distancia que separa a unas de otras. La capacidad del agua para transmitir el sonido a velocidades altísimas parece estar implicado en este sorprendente hecho.

Otro caso interesante de cultura en cetáceos es el de la especie de delfín más común, *Tursiops sp*, cuya población se extiende por todo el planeta. En Laguna, en la costa de Brasil, existe una atípica forma de alimentación cuyo origen parece estar en 1847 y que solo ha sido observada en un grupo de delfines de esta zona. Los delfines provocan que los peces caigan en las redes de los pescadores (sin que haya habido entrenamiento conocido por parte de estos), acción que comunican con un característico zambullido en el agua, comiéndose a los peces que no son pescados por los humanos o que quedan aturdidos. Lo verdaderamente significativo es que existen otros muchos delfines en la misma zona que no realizan esta pesca cooperativa con los humanos.

A lo que prestan especial atención Luke Rendell y Hal Whitehead es a los procesos de transmisión cultural que se dan en cetáceos, afirmando que puede hablarse tanto de imitación como de enseñanza. Esto es importante porque afecta a la variable psicológica de la cultura que analizaremos en seguida junto a la variable biológica. El trabajo de Rendell y Whitehead provocó una inmensa cantidad de respuestas que acompañan al artículo (de 73 páginas que ocupa en la revista, 55 son de comentarios), entre las que encontramos textos provenientes de biólogos, sociólogos, filósofos, psicólogos o antropólogos. Algunos ven en su texto un golpe más que contribuye al proceso de resquebrajamiento del antropocentrismo; otros, sin embargo, solo lo consideran un gran atrevimiento con poca fortaleza científica.

Para comprender mejor la polémica, es necesario acudir a las definiciones de cultura que existen en los distintos campos científicos que se ocupan en la actualidad de estudiarla e investigarla. Según la extensísima revisión llevada a cabo por dos antropólogos estadounidenses en 1952, Alfred Kroeber y Clyde Kluckhohn, la cultura significaría, a grandes rasgos, aquello que es transmitido socialmente y que define al ser humano (ver apéndice 1). El padre del materialismo cultural, Marvin Harris, sin embargo, con una percepción del significado de cultura más amplio, lo contempla así:

> *La cultura alude a las tradiciones aprendidas y socialmente adquiridas que aparecen en forma rudimentaria entre los mamíferos, especialmente entre los primates. Cuando los antropólogos hablan de una cultura humana normalmente se refieren al estilo de vida total, socialmente adquirido, de un grupo de personas, que incluye modos pautados y recurrentes de pensar, sentir y actuar*

Para el antropólogo Conrad Phillip Kottak la cultura es aprendida, compartida y simbólica. Y es en el último punto donde encontramos la verdadera diferencia entre nosotros y el resto de animales, ya que, por ejemplo, nunca se ha observado a ningún animal arrodillarse ante un objeto determinado para pedirle ciertos favores o colgárselo del cuello para que le ayude en su quehacer existencial. Algunos de los nuevos investigadores de la cultura (provenientes de otras ciencias como la Biología o la Psicología) ven en esta diferencia un episodio más del omnipresente antropocentrismo, si bien la realidad es que la citan pero la obvian, centrándose en sus propios planteamientos, como si no tuviera importancia.

De este modo... ¿qué entienden los científicos que no son antropólogos por cultura? Tanto los biólogos como los psicólogos que han irrumpido en el estudio de la cultura afirman que la conducta cultural sería todo comportamiento que se *transmite socialmente* más que por los genes, que es *compartido* por muchos miembros dentro de un grupo, que es *generacional* y que *no es solo el resultado de adaptaciones a condiciones ecológicas locales*.

Así, cada comportamiento de los animales potencialmente definible como cultural es analizado concienzudamente partiendo de estos cuatro puntos, si bien los dos que más debate han generado han sido el de la *transmisión* y el de la *adaptación*, que podríamos definir como la *variable psicológica* y la *variable biológica* (o ecológica) de la cultura.

Que determinados comportamientos animales pasan de generación en generación parece lo más aceptado (como ocurría con Imo y los macacos japoneses, o como sucede con los chimpancés), y lo mismo ocurre con el hecho de que se compartan, ya que aunque no todos y cada uno de los miembros de un grupo tengan ese comportamiento, basta con que lo muestre una cantidad considerable de ellos de edad importante, como los machos adultos. (Ejemplo prosaico: todos los españoles no se echan la siesta, pero sí una gran mayoría: por eso es cultural).

La capacidad simbólica del ser humano, por otro lado, sigue sin citarse en la mayoría de estos textos, bien porque sobreentienden que ningún animal la tiene o porque creen que eliminaría la posibilidad de hablar de cultura no humana. Lo verdaderamente alentador para el estudio científico de la cultura es que el inmiscuirse de otras disciplinas en lo que había sido hasta entonces dominio único de la Antropología, se revela como un acicate a la hora de intentar buscar una definición de lo que significa la cultura, y como un revés a los presupuestos no contrastados que se manejaban en aquella.

Variable psicológica: la transmisión cultural

El modo en que la cultura es transmitida ha generado una gran cantidad de investigaciones científicas, y lo seguirá haciendo. No obstante, es uno de los requisitos que la Antropología impone para que un comportamiento pueda denominarse como cultural. Lo único que parece descartado respecto a los animales no humanos es que los comportamientos que podrían ser culturales tengan un origen genético, si no para todos, sí, al menos, para el orden de los primates. Descartada casi totalmente la transmisión genética, no queda más remedio que centrarse en la social, en el llamado aprendizaje social, condición *sine qua non* puede decirse que un comportamiento es cultural, y que puede definirse como «un aprendizaje individual que está influenciado de algún modo por el medio social» tal y cómo lo hicieron los psicólogos Michael Tomasello, Ann Kruger y Hilary Ratner en su artículo de 1993, «Aprendizaje cultural» (*Cultural learning*). Aquí es donde empiezan las complicaciones, ya que existen varios tipos de aprendizaje social y no existe un consenso en torno a cuál de ellos es el que hace que una transmisión sea considerada cultural o no. Una breve descripción de los tipos de aprendizaje social se hace necesaria:

-*Facilitación social*. Es la representación de un comportamiento por parte de un individuo que otros reproducen. Por ejemplo, se ha observado experimentalmente que algunos primates no humanos, después de varias pruebas en las que reaccionaban positivamente al levantar la tapa de una caja en la que se encontraba un premio, tendían a evitarla cuando observaban a su madre espantarse al hacer lo mismo, ya que los experimentadores habían colocado una serpiente como refuerzo negativo en la caja.

-*Intensificación local o del estímulo*. Se entiende como un tipo de facilitación social y se trata del incremento de la tendencia a responder a un objeto o situación particular como resultado del tipo de respuesta que haya obtenido otro individuo de tal objeto o situación. Aquí entrarían, por ejemplo, la adquisición de los hábitos alimenticios, o la llamada de atención que una madre chimpancé hace a su cría hacia la piedra que ella ha utilizado como martillo para abrir un fruto o hacia el fruto abierto: *funciona: úsalo*; o *está rico: cómetelo*.

-*Emulación de los objetivos*. Un determinado individuo reproduce los resultados que ha generado un determinado comportamiento en otro individuo; es decir, consigue los mismos objetivos con otras acciones. Esto es lo que hizo Kanzi, el bonobo al que se enseñó a tallar piedra. Su objetivo era cortar una cuerda para poder acceder a un premio. Si bien en un principio intentó obtener lascas de la manera que le habían enseñado los experimentadores (golpear una piedra con otra piedra, lo que los arqueólogos llaman núcleo y percutor respectivamente), al final acabó aplicando su propio método, consistente en lanzar el núcleo contra el pavimento de la instalación. En otras palabras: consiguió lo mismo basándose en lo que le habían mostrado.

-*Aprendizaje cultural*. Aquí, a diferencia de los otros tipos de aprendizaje social, los aprendices no dirigen simplemente su atención hacia la actividad de otro individuo sino que tratan de *observar* mentalmente el problema como lo ve el otro individuo: tomar su perspectiva. Lo que se intenta no es aprender de otro, sino a través de otro. Aquí se incluirían tanto el aprendizaje imitativo (o verdadera imitación) como la enseñanza.

Los tres primeros tipos de aprendizaje social se sabe que funcionan con asiduidad en muchas especies animales, incluida la humana, donde la táctica de ensayo y error cobra mucha importancia. En cuanto al aprendizaje cultural (tanto la verdadera imitación como la enseñanza), no son pocos los científicos que dudan de que exista más allá de nuestra especie y nuestros antepasados más cercanos, como los extintos neandertales. Para ellos, si no hay un aprendizaje cultural en la transmisión de la información no podría hablarse de cultura. Esta es una de las críticas que desde esta perspectiva se le hace al lavado de batatas de los macacos japoneses, ya que, según la opinión de algunos investigadores, no hay evidencia de que el comportamiento se haya transmitido ni por imitación ni por enseñanza. La respuesta de otros muchos a tal afirmación es que supone el mayor síntoma de antropocentrismo. Otros investigadores, más prácticos, se han lanzado a la búsqueda de observaciones con buenos resultados, aunque tal vez escasos en cuanto a la enseñanza se refiere.

De este modo, el primatólogo suizo Christophe Boesch relata, en un famoso artículo, dos observaciones que él denomina como enseñanza activa entre dos individuos chimpancés femeninos del bosque de Tai, en Costa de Marfil:

> (I) *El 22 de febrero de 1987, Salomé estaba cascando nueces de la especie más dura (Panda oleosa). Sartre, de seis años de edad, cogió 17 de los 18 frutos que ella había abierto. Entonces, mientras su madre le observaba, cogió el martillo de piedra e intentó cascar las nueces por sí mismo. Estas nueces son algo complicadas de abrir, ya que consisten en tres frutos que se encuentran separados dentro de una misma y dura cáscara de madera, y cada parte que se va abriendo debe ser reposicionada con precisión para lograr acceder a los diferentes frutos. Después de abrir exitosamente una nuez, Sartre la reposicionó al azar encima del yunque con la intención de acceder al segundo fruto. Pero antes de que golpeara la nuez, Salomé la cogió, limpió el yunque de restos y recolocó el pedazo en la posición correcta. Entonces, bajo*

la atenta mirada de Salomé, Sartre la abrió exitosamente y se comió el segundo fruto. Aquí, la madre demostró la manera correcta de colocar la nuez, aunque al final la cría podría haber tenido éxito en abrirla de manera independiente

(II) El 18 de febrero de 1987, la hija de Ricci, Nina, de cinco años de edad, estaba intentado abrir nueces con el único martillo que había disponible, que era de forma irregular. Mientras luchaba infructuosamente contra la herramienta, cambiando alternativamente su postura, el agarre del martillo y la posición de la nuez, Ricci, estaba descansando. Finalmente, después de 8 minutos, Ricci se unió a ella y le cedió inmediatamente el martillo. Entonces, con Nina sentada frente a ella, Ricci, de forma deliberada, rotó lentamente el martillo hasta la mejor posición con la que golpear la nuez de manera efectiva. Como si quisiera enfatizar el significado de este movimiento; le llevó un minuto entero realizar esta simple rotación. Con Nina mirándole, procedió entonces a utilizar el martillo para cascar 10 nueces (de las que Nina recibió seis frutos enteros y un pedazo de otros cuatro). Entonces, Ricci se fue y Nina terminó la tarea. Ahora, adoptando el mismo agarre de martillo que su madre, logró abrir con éxito cuatro nueces en 15 minutos

Pese a lo excepcional de esta realidad, su significación estadística es mínima, ya que solo se contempló en estas dos ocasiones en un grupo de unos 20 individuos distintos y tras 4.137 minutos de atenta observación. Sin embargo, si más que su valor cuantitativo nos centramos en lo cualitativo, la realidad es que, técnicamente, el chimpancé es capaz de enseñar y de aprender por imitación.

Las observaciones de Christophe Boesch han llevado a proponer que, tal vez, la enseñanza haya sido sobrevalorada en los humanos, pues las pruebas empíricas sobre su inexcusable importancia para el desarrollo cultural humano son débiles. Por ejemplo, en un estudio con niños de Nigeria e Inglaterra las madres solo fueron observadas en un 0,1% del tiempo total observado realizando interacciones con efectos educacionales. Ni siquiera en poblaciones de corte más tradicional, como la de los navajos americanos, se ha observado una auténtica enseñanza sino más bien un intento de copia y sucesiones de ensayo y error en la fabricación de herramientas. Esta problemática, por la cual podría dar la impresión de que la enseñanza es más común en chimpancés que en humanos, surge de que hasta que no se empezó a buscar los orígenes evolutivos de la cultura no hubo necesidad de probar la enseñanza en humanos, y es de ahí de donde proviene el vacío empírico al respecto.

En otro experimento llevado a cabo en la década de los noventa del siglo xx, se compararon las capacidades de aprendizaje imitativo de *Homo sapiens sapiens* y *Pan troglodytes*. Tanto a los chimpancés como a los niños se les dividió en dos grupos: aquellos que tenían un modelo —que les hacía una demostración de cómo debían utilizar un rastrillo para atraer hacia sí, bien una comida que se encontraba fuera de alcance (*Pan troglodytes*) o bien un juguete (*Homo sapiens sapiens*)— y aquellos que no observaban ningún modelo o que solo lo hacían parcialmente. Además, se añadió otra variable, que era utilizar el rastrillo con las púas mirando hacia arriba (lo más apropiado) o bien hacia abajo (lo menos apropiado). Los resultados señalaron que, si bien los chimpancés que observaron una demostración consiguieron la comida con más éxito que los que no lo habían hecho, en el grupo que había observado al modelo no se daban diferencias significativas entre unos y otros, y utilizaban las dos posiciones del rastrillo indistintamente, por lo que se interpretó que estaban usando sus propias estrategias individuales en un intento por emular los resultados del modelo y que no lo hacían por aprendizaje imitativo. Los niños, por su parte, mostraron curiosidad por la tarea que debían realizar e intentaron alcanzar el juguete en todas las condiciones experimentales, incluso los que no habían observado al modelo. Los que lo habían hecho utilizaban el método del rastrillo con las púas mirando hacia arriba casi exclusivamente, como se les había demostrado, a diferencia de los que habían presenciado solo una demostración parcial, que utilizaban el método menos apropiado. Los niños humanos, por tanto, sí se veían inmersos en un proceso de aprendizaje imitativo, por lo que una de las conclusiones fue que los chimpancés y los seres humanos tienen unas habilidades diferentes para el aprendizaje social, lo que repercute en la organización y desarrollo social de cada especie.

En una investigación colectiva reciente, publicada en 2007 y llevada a cabo en el Instituto Max Planck de Antropología Evolutiva de Leipzig (Alemania) y encabezada por Esther Herrmann, donde colaboraron dos científicos españoles (el renombrado psicólogo y primatólogo catalán Josep Call y la psicóloga María Victoria Hernández-Lloreda) se trató de dilucidar un poco más la incógnita del aprendizaje cultural. En el experimento, se testaron las capacidades en los dominios físico (por ejemplo: discriminación de cantidad o entendimiento causal del cambio de apariencia de recompensas ocultas) y de cognición social (por ejemplo: resolver un problema simple, pero no obvio, observando una solución demostrada) de chimpancés, orangutanes y niños. Los resultados obtenidos revelaron que en el dominio físico el niño humano y el chimpancé poseen las mismas habilidades, seguidos muy de cerca por el orangután, mientras que en el dominio de la cognición social se da una gran diferencia entre el niño humano y los otros dos tipos de primates. Nuestra especie parece haber desarrollado ciertas destrezas sociocognitivas especializadas, debido a los problemas adaptativos a los que se ha enfrentado y la solución que nuestra evolución les dio, como son: una gran capacidad para la imitación, la comunicación con otros, aprender de los otros y leer la mente de los otros (teoría de la mente). Esta asimetría conductual entre el ser humano y dos de sus parientes biológicos más próximos es lo que los autores denominan como *hipótesis de la inteligencia cultural*, que habría aparecido después de *Homo erectus*, y nos habría dado ese toque cultural único que nuestra especie posee.

No obstante, hasta que no haya evidencias más inequívocas, no podremos confirmar que los chimpancés (y otros animales no humanos) poseen la capacidad de aprender culturalmente del mismo modo en que lo hacen los humanos. Sin embargo, esto solo quiere decir que no disfrutan de unas habilidades culturales humanas, no que no tengan su propio comportamiento cultural.

Variable biológica: la adaptación ecológica

La nueva propuesta de cultura obliga a fijarse en las condiciones ecológicas de una población para poder determinar si se trata de un comportamiento cultural o no. Este principio, que podríamos denominar de *adaptabilidad local*, es bastante sencillo: cuando una conducta aparece en una población (o en dos poblaciones separadas geográficamente) hay que descartar que tal conducta o variación en la misma se deba a la adaptación al medio local. Por ejemplo: podríamos pensar que la hipotética costumbre de comer un determinado tipo de fruto dentro de una población de chimpancés es cultural, ya que son los únicos que lo hacen de su especie, pero si descubrimos que ese fruto solo está disponible en su hábitat, tendríamos que descartar que fuera cultural, ya que los individuos de esa población solo se estarían adaptando a las condiciones ecológicas locales. Las razones ecológicas deben buscarse cuando se ha descartado ya que las diferencias se deban a una causa genética. Para el caso de los chimpancés, la causa genética está casi descartada, dado que se trata de subespecies muy afines genéticamente; además, las diferencias culturales en chimpancés aparecen, muchas veces, en comunidades vecinas de la misma subespecie.

Los factores ecológicos tienen que analizarse siempre que se observe un comportamiento que sea susceptible de ser definido como cultural. La posibilidad de que el lavado de batatas de los macacos japoneses sea o no cultural siempre suele analizarse desde la variable psicológica, esto es, desde la perspectiva de la adquisición y transmisión del comportamiento. Bajo la variable biológica, sin embargo, tendría que ser descartado como cultural, ya que los tubérculos fueron proporcionados por los cuidadores e, incluso, se llegó a observar que muchas veces solo daban batatas a aquellos individuos que las lavaban, por lo que estaban cambiando las condiciones locales de la tropa de Koshima respecto de otras poblaciones de *Macaca fuscata*.

Sin embargo, si en algo se ha prodigado el comportamiento instrumental de los chimpancés es en haber dado pruebas de que puede existir cultura en un animal distinto al ser humano. Ya hemos visto las investigaciones que se han llevado a cabo con chimpancés desde la denominada variable psicológica en cuanto a la transmisión de los comportamientos culturales, y dentro de esta variable biológica, las cosas son aun más favorables.

La conducta de abrir los frutos de cáscara con martillos y yunques de piedra y madera de la subespecie *Pan troglodytes verus* del oeste de África es exclusiva de esta zona y de esta población de chimpancés, y no aparece ni en la poblaciones del centro-oeste ni en las del este. Podría ser que en esta zona se diera tal conducta porque las condiciones ecológicas locales lo permiten, bien por existir abundancia de materias primas o bien por las especies vegetales consumidas. Pero estos aspectos ya han sido analizados, observándose que tanto en el centro-oeste como en el este de África existen recursos naturales suficientes y válidos como para que el comportamiento de cascar frutos con cáscara dura pueda ocurrir. Y aún así, no lo ha hecho.

Una de las investigaciones más interesantes a este respecto fue la llevada a cabo por un equipo dirigido por Bill McGrew entre 1995 y 1996. Estos científicos se preguntaron por qué los chimpancés de la reserva de Lopé, en Gabón (centro-oeste de África), no rompen la cáscara de las nueces con martillos y yunques de piedra o madera para consumir su fruto, que representa una cantidad importante de valor energético. Para contestar a esta pregunta elaboraron diez hipótesis que fueron comprobadas con observaciones en libertad. Las hipótesis fueron las siguientes:

1. No hay especies arbóreas que ofrezcan frutos con cáscara.
2. Hay especies arbóreas, pero son escasas.
3. Las especies arbóreas son comunes pero poco apropiadas.
4. No hay posibles martillos o son escasos.
5. Hay martillos pero son poco apropiados.
6. No hay posibles yunques o son escasos.
7. Hay yunques pero son poco apropiados.
8. Otros alimentos son mejores que los frutos con cáscara.
9. Los chimpancés de Lopé carecen de la inteligencia suficiente.
10. Los chimpancés de Lopé carecen del conocimiento necesario.

Todas las hipótesis resultaron falsadas, de manera que la única explicación posible era la cultural. Pese a tener disponibles las materias primas y tener la capacidad para realizar el comportamiento, los chimpancés de Lopé no lo habían hecho:

> (...) así que la mejor explicación actual para la ausencia del comportamiento de romper las nueces en Lopé no es ni medioambiental ni cognitiva, sino cultural. A diferencia de otras poblaciones en otros lugares, los chimpancés de Lopé no han aprendido a utilizar un recurso valioso que está disponible de manera abundante y es técnicamente accesible

La mayoría de los investigadores acepta este tipo de contrastes empíricos para poder verificar que una conducta sea cultural o no. No obstante, hay autores que no comparten esta opinión. Así, los biólogos Kevin Laland, William Hoppit y Vincent Janik publicaron dos artículos entre 2003 y 2006 en los que consideraban, en referencia a la transmisión de la cultura, que el hecho de buscar aprendizaje cultural es una condición limitante en el estudio de la cultura no humana, pues existen gran cantidad de especies que si bien no disfrutan de aprendizaje cultural, si tienen procesos de aprendizaje social. Por ello, proponen la variable biológica como verdadera prueba para saber si un comportamiento es cultural o no, ya que sostienen que no existe evidencia suficiente como para descartar que los comportamientos que se proponen como culturales se deban a causas genéticas o ecológicas. En este sentido, dan ciertas pautas experimentales para comprobarlo. En primer lugar, que una muestra de individuos de una determinada población A sea introducida en otra población B en una edad formativa, y observar si la población de fuera adopta los patrones de comportamiento de la población huésped; esto descartaría la explicación genética y dejaría al aprendizaje social como única vía posible. La otra posibilidad sería intercambiar los medios ecológicos de dos poblaciones A y B; si en estas nuevas condiciones locales se comportan de la misma manera que lo hacía la población original en su nicho, todo se entendería dentro de una adaptación ecológica al medio local.

Obviamente, esto no puede hacerse con ninguna especie primate. Bien por lo aparatoso y caro de trasladar, por ejemplo, a una población del este de África hacia el oeste (y viceversa) bien por lo poco rentable que resultaría en términos del gasto que iba a suponer y lo que se esperaría observar. Físicamente no es imposible, pero un argumento mayor lo supone el hecho de que someter a una población en libertad de chimpancés a semejante situación es una aberración ética y ecológica. No obstante, la propuesta es original, y, basándose en sus propios planteamientos, los autores afirman que los únicos animales, aparte del ser humano que ostentan la cultura son unas cuantas especies de aves, una o dos ballenas y dos especies de peces, ya que, con excepción de la ballena, son fácilmente manipulables para sus planteamientos experimentales.

De este modo, una fuerte evidencia experimental de cultura en animales no humanos, según la variable biológica, se ha hallado en peces, en concreto en la especie *Thalassoma bifasciatum*, al comprobarse, intercambiando individuos de dos determinadas poblaciones entre dos medios ecológicos distintos, que los más jóvenes y los recién llegados aprenden las rutas hacia los lugares de apareamiento de los residentes más experimentados, manteniéndose como una tradición cultural.

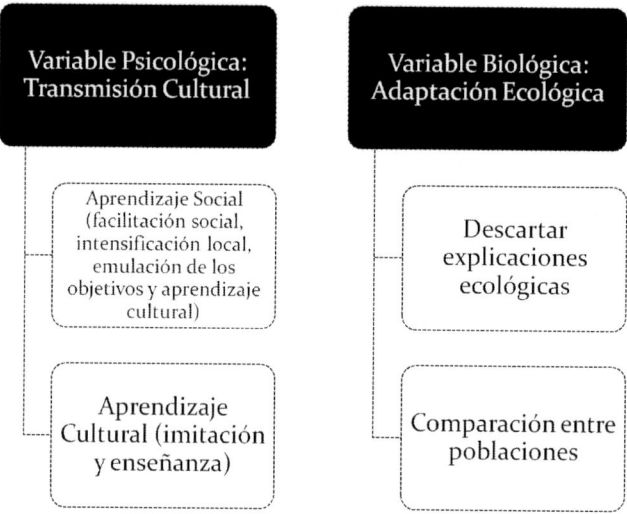

Fig 1. Las variables en el estudio de la cultura.

Lo más importante que podemos extraer de la variable biológica a la hora de investigar la cultura, como sucedía con la variable psicológica, es su repercusión en lo que la Antropología ha entendido tradicionalmente por cultura. Así, según la variable biológica, los iglús, las famosas construcciones temporales de las poblaciones humanas árticas (los peyorativamente llamados esquimales), no representarían una diferencia cultural, ya que se explica perfectamente bajo una perspectiva de adaptación ecológica a las condiciones locales: construyen casas de hielo porque tienen hielo en abundancia. Lo mismo sucedería con el hecho de que los Awá del Amazonas brasileño consuman carne de mono o no lleven abrigos o de que en Rusia se beba más vodka que vino.

Otros aspectos importantes de la cultura

Existen más puntos donde se teje el debate en torno a la cultura. Uno de ellos es el aspecto acumulativo de la misma. En nuestra especie, se da una acumulación de modificaciones a lo largo del tiempo en los comportamientos culturales, es lo que se conoce como *efecto trinquete* y que Michael Tomasello, Ann Kruger y Hilary Artner observaron de esta manera en su artículo «Aprendizaje cultural» (*Cultural learning*):

> *Los productos culturales comparten, entre otras cosas, la característica de que acumulan modificaciones a lo largo del tiempo (...) Esta acumulación de modificaciones en el tiempo es llamada en ocasiones, efecto trinquete, ya que cada modificación queda firmemente posicionada en su lugar dentro del grupo hasta que otras modificaciones son realizadas*

El efecto trinquete es algo que los arqueólogos conocen muy bien ya que uno de los primeros métodos de datación de la disciplina fue el de la seriación, por el cual, los objetos que se hallaban en los yacimientos se colocaban en orden de menor a mayor complejidad, formando una serie cronológica. Tal concepto es muy ilustrativo, pues ilumina, por ejemplo, toda la evolución de la industria lítica desde el olduvayense hasta el magdaleniense, y cualquier historia evolutiva de cuantos quiera instrumentos o herramientas que posea la humanidad (por ejemplo desde los primeros carros con ruedas hasta un coche de fórmula 1). Esto no se ha observado todavía en ningún comportamiento animal no humano, ni en lo instrumental ni en lo social.

Aunque hemos de ser cautos, pues sabemos que el efecto trinquete actúa en nuestro comportamiento cultural porque tenemos una perspectiva muy amplia desde el Paleolítico Inferior hasta la actualidad. En las culturas chimpancés no se ha observado una acumulación de modificaciones probablemente porque el tiempo transcurrido desde las primeras observaciones sistemáticas (no más de cincuenta o sesenta años hasta la actualidad) ha sido ínfimo en comparación con lo que sabemos de nosotros. Además, la primera cultura lítica, el olduvayense, tardó más de un millón y medio de años en acumular sus primeras modificaciones, por lo que aducir el efecto trinquete como prueba de que los chimpancés no poseen cultura sería precipitado.

Por otro lado, la mayor parte de la cultura material del chimpancé es de carácter orgánico y, en consecuencia, perecedera y no rastreable científicamente, por lo que sería difícil buscar una acumulación de modificaciones en ella. Una de las primeras búsquedas al respecto se está llevando a cabo en el oeste de África, ya que *Pan troglodytes verus* utiliza una materia perdurable (la piedra) como herramienta. Aquí, se han excavado dos yacimientos de chimpancés, uno muy reciente (1975) y otro de unos cuatro mil doscientos años de edad, y se han hallado herramientas, aunque sin diferencias significativas entre las herramientas de 1975, las de hace cuatro mil doscientos años y las que los chimpancés utilizan en la actualidad. Empero, el método arqueológico parece apropiado para verificar la existencia del efecto trinquete en otras especies fabricantes y utilizadoras de herramientas.

La *subcultura* también ha sido también mencionada en la polémica sobre la cultura. Una subcultura sería un comportamiento asentado en una determinada cultura dentro de otra en la que se engloba. De este modo, tenemos la cultura norteamericana, dentro de la cual están la subcultura del sur, la del norte, la del este o la del oeste, en cuanto a gustos culinarios o maneras de preparar los alimentos, por ejemplo. Las tribus urbanas que existen en nuestro mundo moderno e industrial (y/o posmoderno y posindustrial), serían un buen ejemplo de subcultura ya que tienen gustos estéticos, musicales o políticos diferentes a los del resto de la población o diferentes entre ellos mismos. Asimismo, las distintas ramas que tienen las religiones (catolicismo, protestantismo y ortodoxia en el cristianismo o suníes y chiítas en el islam) serían ejemplos de subculturas. Dentro del bosque de Taï, en Costa de Marfil, Christophe Boesch ha observado ciertas diferencias en el comportamiento de los grupos del norte, centro y sur del bosque:

- Los tres grupos se alimentan de las hojas de la especie *Haloplegia*, pero solo los del sur las mascan.
- Tanto el grupo del sur como el grupo del norte se alimentan de larvas de hormiga que extraen de los hormigueros, pero mientras los del norte introducen el brazo varias veces y hasta casi el hombro, los del sur solo introducen el brazo una vez y casi no llegan al codo.
- El grupo del sur y el del norte consumen el fruto de la especie *Strychnos aculeata*, pero los del sur solo lo hacen cuando está fresco y blanco mientras que los del norte esperan a que se descomponga.
- El grupo del norte consume grandes cantidades de la especie de termita *Thoracotermes*, mientras que el grupo del sur las rechaza completamente.

Según Christophe Boesch, las diferencias no parecen explicables por la variable biológica, y aparecen también en otros patrones de comportamiento como el de la comunicación. Por si fuera poco, parece que también persisten a pesar de que se producen intercambios de individuos entre unas comunidades y otras, con los recién llegados adoptando los patrones de comportamiento (léase, la cultura) del grupo huésped. Esta es otra pequeña sospecha de que la cultura existe también en animales no humanos.

Otros científicos exponen sus propias condiciones para que un determinado comportamiento pueda considerarse cultural, como Bill McGrew, que da una lista: innovación, diseminación, estandarización, durabilidad, difusión, tradición, que no sea exclusivamente subsistencial y que sea natural, sin influencia humana.

En lo que existe un consenso generalizado es en que la cultura debe reportar un beneficio para aquellos agentes biológicos que la disfrutan, pudiendo conseguir ciertos recursos (alimenticios o sociales) que de otro modo no se podría o sería más costoso hacerlo: la cultura, por encima de todo, es adaptativa.

Una propuesta dicotómica: cultura humana y cultura no humana

Como hemos visto, muchos de los problemas que se dan en el debate sobre la cultura vienen determinados por las diferentes aproximaciones que se dan al respecto. Así, mientras los etólogos provenientes de la Psicología se centran en los aspectos sobre la transmisión, los etólogos que vienen de la Biología lo hacen sobre los factores ecológicos y, en menor medida, los genéticos. Por su parte, la Antropología sigue convencida de que la cultura tiene que ser simbólica, ya que de ese simbolismo derivan gran parte de los comportamientos culturales definitorios del ser humano, como el lenguaje, la política, la moral, las instituciones, las religiones o las ideologías.

La realidad es que el simbolismo impregna esencialmente el comportamiento cultural de nuestra especie, tanto el de las poblaciones modernas/posmodernas e industriales/posindustriales como el de las poblaciones tradicionales. En el mundo contemporáneo uno solo tiene que salir a la calle para contemplar la dictadura del símbolo a la que nos ha sometido nuestra propia evolución: carteles, ropa, peinados, lenguajes... Aunque el aspecto del simbolismo se entienda quizás mejor con un ejemplo de una población tradicional.

En uno de sus textos más famosos sobre la población indígena de los guayaki de la amazonia paraguaya, *El arco y el cesto*, el antropólogo francés Pierre Clastres nos brindó una de las más precisas (y preciosas) descripciones del simbolismo humano. Dentro de esta población, existe la costumbre de que los hombres lleven un arco y las mujeres porten un cesto, algo que concuerda con el reparto de tareas existente dentro de su sociedad (los hombres cazan y las mujeres recolectan), que es aprendido desde la niñez y que se perpetúa por un tabú que impide a los hombres tocar los cestos y a las mujeres los arcos.

Clastres observó que existían dos hombres que llevaban cestos. Uno de ellos, Chachubutawachugi, era *pane*, término por el cual se designaba a todo hombre cuyo arco había sido tocado por una mujer. Los guayaki creen que si una mujer toca el arco de un hombre, esto le traerá mala suerte en la caza; y si caza mal o no caza, ninguna mujer querrá ser su esposa. Ese era el caso de Chachubutawachugi: las mujeres lo repudiaban como marido y nunca acompañaba a los hombres en la caza. El otro hombre con cesto, Krembegi, era homosexual y había aceptado completamente su rol femenino, hasta el punto de que rechazaba tocar un arco. Chachubutawachugi sufría la sorna del resto de los hombres del grupo, mientras que Krembegi pasaba como una mujer más, tanto que algunos hombres lo tomaban como pareja sexual ocasional.

Un simbolismo parecido al que representan el arco y el cesto en la cultura guayaki no se ha observado jamás en ningún otro animal que no sea el humano; es ciertamente aquí donde se halla la gran diferencia entre nuestra capacidad cultural y la del resto de animales con los que compartimos planeta.

No obstante, Kanzi, un bonobo (*Pan paniscus*), aprendió a manejar ciertos símbolos cuyo significante no guardaba relación con el significado, igual que ocurre en el lenguaje humano (el sitio en el que vivimos se denomina *casa* igual que se podría haber denominado *dranto*). Así, Kanzi aprendió a presionar símbolos de distinta forma y color para pedir agua, un juguete y un montón de cosas más. Sin embargo, esta puede ser la única noticia que se tiene al respecto en animales no humanos y parece estar condicionada por los numerosos y continuos entrenamientos a los que Kanzi fue sometido, así como por su excepcional inteligencia. Además, no es un simbolismo tecnológico, rutinario y, en la práctica, inconsciente, como ocurre en nuestra especie.

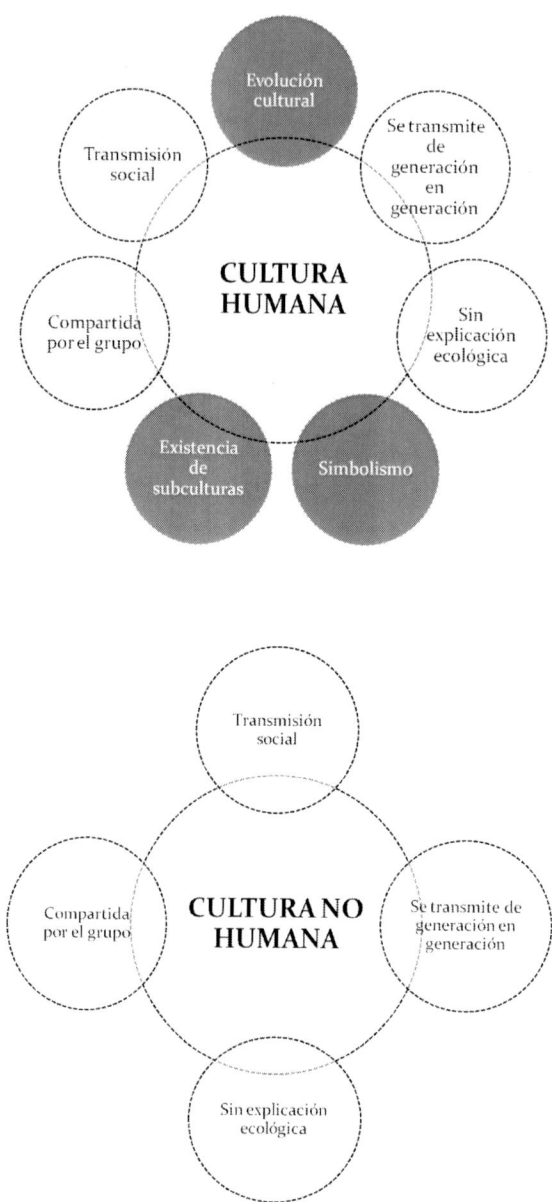

Fig. 2. Esquema de los dos tipos de cultura y sus diferencias.

Algunos científicos prefieren hablar de tradiciones animales y reservar la definición de cultura para los humanos, aunque realmente utilizan *tradición* y *cultura* como sinónimos (la tradición sería una práctica conductual que es duradera y que es compartida entre los miembros de un grupo, en parte, a través del aprendizaje social).

De este modo, y uniendo esta última información a toda la anterior, mi propuesta es que existen dos tipos de cultura: la humana, basada en el simbolismo; y la no humana, cuya principal diferencia respecto a la nuestra es que no es simbólica. Es por ello que no dudamos en que se pueda y se deba hablar de cultura no humana más que de tradición; distinción aceptada, *de facto,* por muchos científicos.

Cerramos este capítulo clarificando al lector nuestra propuesta: las capacidades culturales humanas (aprendizaje cultural, subcultura, efecto trinquete, simbolismo) no han podido demostrarse de manera inequívoca, precisa y estadística en otros animales, pero estos, poseen capacidades culturales. Aristóteles no andaba mal encaminado al reconocer a los humanos como animales sociales. Pero en parte se equivocó, pues hoy sabemos que muchos animales son tan sociales como nosotros, y lo que nos da un estatus diferente es nuestra prolífica y adictiva capacidad para utilizar la cultura como un arma para la supervivencia. Del mismo modo que al león se le reconoce por sus excelentes aptitudes para la depredación, podemos decir que somos el animal cultural *par excellence*.

3. DEFINICIÓN Y ORIGEN DE LA CONDUCTA INSTRUMENTAL

A lo largo de este capítulo procederé a construir un significado científico del uso y fabricación de herramientas. En primer lugar, nos detendremos en un tipo de comportamiento que se entiende como una condición ineludible para que exista la conducta instrumental: la manipulación de objetos. Seguidamente, veremos cómo la ciencia ha definido tanto al uso de herramientas como a la fabricación de las mismas, para, a continuación, repasar las hipótesis más aceptadas sobre su origen. También, conoceremos la relación e importancia que tiene la conducta instrumental con otros temas de interés científico, como la evolución humana o la inteligencia. Por último, analizaremos la relación, para nada sinonímica, que existe entre conducta instrumental y cultura material.

Tocando las cosas: la manipulación de objetos como paso previo a la conducta instrumental.

La manipulación de objetos se observa en muchas especies animales. Una definición rigurosa sería aquella por la cual un individuo maneja objetos con las manos; sin embargo, existen muchas especies que manipulan objetos y no poseen manos. Un gato que juega con una bovina de lana está manipulando un objeto, o un perro que corre detrás de una pelota y la trae de vuelta.

En cualquier caso, existe un consenso científico en que el uso y fabricación de herramientas es una forma especial, o el modo más complejo, de manipulación de objetos, y, también, que la evolución hizo a los primates (en especial al ser humano) desarrollar una herramienta natural muy útil: las manos, que les permiten afrontar de manera más precisa y cómoda los problemas o actividades en los que se hace necesario interactuar con objetos manualmente. Es más: la mano es una de las características físicas definitorias del orden de los primates.

En un influyente artículo de 1977, la antropóloga Sue Parker y la neurobióloga Kathleen Gibson, definieron lo que según sus estudios y observaciones eran las cinco formas básicas de manipulación de objetos:

1. *Prensión simple: agarrar o coger un objeto con uno o dos manipuladores, como las manos (o con la boca, las garras, el pico, la trompa, la cola...).*

2. *Manipulación de objetos simple: manipulación coordinada de un objeto con uno o dos manipuladores (las dos manos, la boca y la mano, etc.), o la manipulación secuencial de dos objetos con uno o dos manipuladores. Ejemplos serían el pasarse un objeto de una mano a otra, la rotación de un objeto o destapar un objeto cubierto por otro y agarrarlo.*

3. *Manipulación de objetos contra un sustrato: manipulación de un objeto (con uno o dos manipuladores) relacionado con un sustrato o medio fijo. Por ejemplo, frotar un objeto contra el suelo, lavar un objeto en agua o lanzar un objeto contra una superficie.*

4. *Manipulación de objetos compleja: manipulación de un objeto suelto (que no esté fijado a nada) en relación a otro, en muchos casos a través de un campo de fuerza, que envuelve un subsecuente cambio de estado de uno o de los dos objetos; golpear un objeto con otro, atraer hacía sí un objeto con ayuda de otro...*

5. *Manipulación de objetos social: manipulación de un objeto en relación a otros animales sin contacto físico directo entre el objeto y el otro animal. El mayor ejemplo es el del uso de palos o ramas de manera intimidatoria, que provoca un cambio de actitud o conducta en el individuo objeto de la amenaza.*

De los cinco modos existentes de manipulación de objetos, solo los dos últimos (manipulación de objetos compleja y manipulación de objetos social) constituyen un verdadero uso de herramientas, mientras que la tercera (manipulación de objetos contra un sustrato) sería una forma simple y arcaica de conducta instrumental. Este precursor del uso y fabricación de herramientas ha sido observado en gaviotas, por ejemplo, que utilizan su pico para agarrar a algunos moluscos y después lanzarlos desde determinada altura contra el suelo para romper su concha y poder comérselos.

Una gran prueba a favor de la afirmación de que la manipulación de objetos es un paso previo para el uso y fabricación de herramientas es la extensa investigación llevada a cabo por el primatólogo japonés Takashi Torigoe. Este investigador procedió a comparar la manipulación de objetos en 74 especies de primates, registrando el comportamiento que todas ellas llevaban a cabo con dos objetos diferentes: una cuerda de nylon con dos nudos y un cubo de madera. Los resultados le llevaron a dividir a todas las especies en tres grupos distintos en orden de menor a mayor complejidad manipulativa respecto a los objetos, los cuales coincidían con los que más y menos usaban y fabricaban herramientas; en otras palabras, las especies que más variedad de comportamientos habían mostrado en la manipulación de los objetos eran aquellas que utilizaban herramientas con más asiduidad.

Puede ser que la manipulación de objetos no sea el único factor que exista en la aparición del uso y fabricación de herramientas, pero sí es el más determinante, hasta el punto de que es altamente improbable que la conducta instrumental aparezca en especies que no manipulan objetos.

¿Qué es el uso y fabricación de herramientas?

Las definiciones que se han dado sobre el uso de herramientas son numerosas (ver apéndice 2 al final del trabajo), mientras que no ocurre lo mismo con la fabricación de las mismas, ofreciéndose, en la mayoría de las ocasiones, solo ejemplos del modo en que una herramienta puede ser fabricada, pero no una descripción teórica del proceso.

Más sorprendente es el hecho de que los arqueólogos no se hayan preocupado jamás de dar una definición de lo que es usar y fabricar una herramienta. Es para reflexionar por un momento: los arqueólogos, que viven de estudiar herramientas fabricadas, objetos fabricados con herramientas o construcciones fabricadas con herramientas por la humanidad y su ascendencia a lo largo de la historia, nunca se han preocupado de dar una definición, desde su propia perspectiva científica, de lo que ellos entienden por conducta instrumental. Realmente, ha sido la obsesión de la arqueología por el artefacto la que ha sepultado el interés por explicar en qué consiste la conducta instrumental, abundando, sin embargo, las definiciones sobre útil, artefacto o instrumento, o sobre la cultura material. Esta curiosa paradoja hace que conozcamos muy bien la técnica, las herramientas y los procesos cognitivos utilizados por los chimpancés para deshacerse de la dura cáscara que envuelve a algunos frutos, mientras que el conjunto de acciones llevado a cabo por los seres humanos para el mismo proceso no se ha estudiado tan a fondo.

Las definiciones más asentadas en etología sobre el uso de herramientas (apéndice 2) coinciden en varios aspectos, y, hasta hace poco, descartaban cierto tipo de conductas como verdaderamente instrumentales. Uno de tales aspectos es que el objeto utilizado como herramienta tiene que ser ajeno a la propia anatomía del individuo, no estar fijado a ningún sustrato o superficie y ser sostenido por alguna parte del cuerpo del individuo. Esto desechaba comportamientos como romper frutos contra una superficie, como hacen los monos capuchinos o el lanzamiento de moluscos y otros organismos con concha, para romper esta y acceder al recurso animal, que realizan las gaviotas. La utilización de la herramienta, además, debe incrementar la eficacia del individuo para conseguir la meta; y la meta que se desea conseguir tiene que ser inmediata, lo que descarta a su vez la construcción de nidos, tanto en aves como en chimpancés, gorilas u orangutanes.

Existen, no obstante, algunas discrepancias. Mientras que para unos la herramienta tiene que ser un objeto inanimado, para otros la herramienta puede ser, asimismo, otro organismo animal (por ejemplo: utilizar a una cría para que consiga una meta que el adulto, por su tamaño, mismamente, no puede). Tampoco coinciden en sobre qué tiene que actuar la herramienta o qué tiene que alterar; para algunos prima lo físico, y la herramienta debería de cambiar la forma, la posición o la condición de otro objeto, mientras que otros añadirían que la herramienta puede alterar la forma, la posición o la condición de otro organismo o del mismo usuario de la herramienta (por ejemplo: rascarse a sí mismo con una rama en vez de rascar a otros). Debido a esta falta de acuerdo fue por lo que el etólogo Benjamin Beck propuso su definición de uso de herramientas, que, aparte de aglutinar todas las definiciones que se habían dado al respecto, contenía sus propias observaciones y añadiduras, como la de que la herramienta puede actuar sobre otro organismo o ser utilizada por el individuo en su propio beneficio.

Sin embargo, debido a la ingente cantidad de científicos que consideraban a comportamientos como el de los monos capuchinos o el de las gaviotas citados más arriba como uso de herramientas, Benjamin Beck, junto a Robert Shumaker y Kristina Walkup, ha publicado recientemente una reedición de su famosa monografía de 1980 en la que se da una nueva definición de uso de herramientas, que sería la siguiente:

> *El uso de herramientas es el empleo de un objeto ambiental suelto, o inmóvil pero manipulable, para alterar más eficientemente la forma, posición o condición de otro objeto, otro organismo o el mismo usuario, cuando este sostiene y manipula la herramienta directamente durante o inmediatamente antes de utilizarla y es responsable de la orientación correcta y efectiva de la herramienta*

Bajo esta nueva definición revisada, que un elefante utilice un árbol para rascarse la espalda o que un pez lance almejas contra una roca para romper su concha se consideran ejemplos de conducta instrumental, pues utilizan tanto el árbol como la roca como una herramienta para conseguir una finalidad deseada, bien por simple bienestar o por cuestiones alimenticias.

La preocupación por definir la fabricación de herramientas, sorprendentemente, no ha sido tan prolífica, tal vez porque parece claro que cualquier alteración o transformación realizada sobre un objeto para mejorar su funcionamiento es una manufactura. De tal modo que cuando los chimpancés seleccionan una rama y modifican su longitud y le quitan las ramitas y hojas que contiene para excavar un termitero, o cuando hacen lo propio con hojas y las recortan hasta dejar solo la nerviación central para pescar termitas, están fabricando una herramienta. Benjamin Beck reconoce cuatro modos o formas principales de fabricar herramientas:

> *Cuatro modos de fabricar herramientas son reconocidos aquí. El más simple y más común es cortar la conexión fija entre un objeto del entorno y otro (o el sustrato) de manera que el primer objeto puede ser utilizado como herramienta. Este modo es llamado detach («separar», «quitar», «despegar», n. del a.) (...) El segundo modo, subtract («sustraer», n. del a.) consiste en quitar un objeto u objetos de otro objeto suelto de manera que el último puede servir más útilmente como herramienta (...) El tercer modo es add o combine («añadir», «mezclar», n. del a.) en el cual dos o más objetos son combinados para producir una herramienta adecuada (...) El último modo de fabricación de herramientas es reshape («reorganizar», «dar una forma nueva», n. del a.) y supone la reestructuración fundamental del material para producir una herramienta funcional*

Los cuatro modos han sido observados en animales no humanos, y de todos ellos, el último es el que menos lo ha sido. Por el contrario, el cuarto modo, *reshape*, ha sido el que más importancia ha tenido en la evolución cultural de los animales humanos (nosotros y nuestros antepasados: *Homo sapiens neandertalensis*, *Homo erectus*, *Homo heilderbengensis*, *Homo habilis*, *Australopithecus afarensis*, etc.), haciendo posible la incontable gama y complejidad de los productos tecnológicos que disfrutamos en la actualidad.

Sin embargo, hay un aspecto de la conducta instrumental humana que se ha observado en contadas ocasiones en los animales no humanos. Nos referimos al llamado «uso de metaherramientas» (*metatool use*) o a las «herramientas secundarias» (*secondary tools*), términos que se refieren al hecho de utilizar una herramienta para fabricar o conseguir otra herramienta.

Este aspecto suele invocarse como el verdadero umbral, en lo que concierne al uso y fabricación de herramientas, entre nuestra rama evolutiva y el resto de los animales; y no es para menos, puesto que guarda tres implicaciones muy importantes. Primero, el individuo que lo lleva a cabo debe reconocer que la herramienta se puede usar en objetos que no son comida, lo que implica habilidades de razonamiento analógico, comparativo. Además, se debe hacer una previsión de futuro, inhibiendo el uso directo de la primera herramienta para utilizarla en fabricar la segunda, y, de este modo, conseguir la meta principal. Por último, el individuo tiene que ser capaz de organizar su comportamiento jerárquicamente, de mayor a menor importancia, para saber qué debe hacer primero y qué debe hacer después.

Esta faceta de la conducta instrumental solo se ha observado en tres especies de animales no humanos: el bonobo, el chimpancé y el cuervo de Nueva Caledonia, con resultados y conclusiones dispares. El cuervo de Nueva Caledonia utilizó una herramienta para alcanzar otra más apropiada, que estaba fuera de su alcance dentro de una jaula, y conseguir la finalidad deseada. El chimpancé, por su parte, ha sido capaz de utilizar una piedra para extraer lascas cortantes de un hueso, y con ellas poder cortar una tapa que le impedía el acceso a una bebida deseada, aunque el descubrimiento fue casual y no premeditado. Ha sido el comportamiento observado en el bonobo, con su primitiva forma de tallar piedra, la que ha llevado a algunos científicos a ver superada una gran barrera entre nuestra conducta instrumental y la de los grandes simios, y si bien demuestra el amplio alcance potencial de las capacidades al respecto de esta especie, su significado real no es tan extraordinario como parece.

En conclusión, podemos afirmar que lo animales no humanos utilizan y fabrican herramientas, muchas veces de forma bastante parecida a la que lo hacen los seres humanos, si bien existe una diferencia cualitativa abismal en la manera de usarlas y fabricarlas, entre la variedad de objetos creados y entre las aplicaciones que se le dan a las mismas (por ejemplo: el uso de metaherramientas) entre nosotros y otros animales. Pero la diferencia cualitativa (aunque enorme) es solo una diferencia de grado; nuestra evolución, tanto biológica como cultural, nos ha llevado a especializarnos, a ser unos auténticos maestros y artesanos, en lo concerniente a utilizar y fabricar herramientas, lo cual no implica que otros animales no posean el mismo principio conductual y saquen provecho evolutivo de él.

Del mismo modo que nosotros podemos construir y diseñar aviones utilizando herramientas, otros animales, por su propia evolución, poseen unas habilidades (fuerza, velocidad, resistencia, mimetismo…) que a nosotros nos parecen de auténtico superhéroe o de ciencia ficción; y no pensamos que ellos sean mejores que nosotros… Entonces, ¿por qué pensar que su conducta instrumental es peor (o directamente no es) porque no es igual a la nuestra?

Hipótesis sobre el origen de la conducta instrumental

Cómo pudo surgir la conducta instrumental en los animales ha sido una pregunta a la cual se ha intentado responder mediante la formulación de distintas hipótesis. El problema es que dichas hipótesis pocas veces han intentado comprobarse. El conocimiento de estas hipótesis es de vital importancia para formarnos una imagen científica clara de la conducta instrumental, de su significado e importancia en la historia de la vida y de la humanidad.

Las hipótesis más importantes se reducen a cinco, tres clásicas y dos más recientes. Así, por orden cronológico, quedarían del siguiente modo: la hipótesis del *agonismo*, la hipótesis del *nicho ajeno*, la hipótesis del *forrajeo extractivo*, la hipótesis del *juego* y la hipótesis *condicional*:

-*Hipótesis del agonismo.* Según el psicólogo Kenneth Hall, todos los usos de herramientas que no son agonísticos (es decir, que sirven para defenderse, intimidar, atacar...) tienen un origen agonístico, al menos en los primates. De este modo, al manejar herramientas con fines intimidatorios o defensivos, los antepasados de los primates actuales, habrían descubierto, de manera ocasional y no premeditada, que las herramientas podrían tener otro uso en los contextos de la alimentación (o trófico, más técnicamente) y del aseo o el bienestar, por ejemplo. Es una hipótesis muy lógica, ya que muchas especies de primates han sido observadas utilizando ramas, palos o piedras con fines agonísticos. Sin embargo, está limitada solo al orden de los primates. Además, el propio Hall reconoce que algunas conductas instrumentales, por ejemplo en relación a la alimentación, podrían tener otro origen que no fuera el agonístico.

-*Hipótesis del nicho ajeno.* Lo que se plantea es que las especies que usan y/o fabrican herramientas poseerían esa capacidad como resultado de haber acabado habitando un nicho ecológico que, en origen, no era el suyo. John Alcock, su máximo defensor, lo ve así: «es seguramente significativo que las especies que más usan herramientas, como la nutria marina, el pájaro carpintero y los humanos, han invadido nichos que no son característicos de sus grupos filogenéticos». Por ello, estarían en desventaja a la hora de competir por los recursos alimenticios con el resto de especies que sí se encuentran en su nicho, actuando el uso de herramientas como una adaptación especial. En el caso del ser humano y sus antepasados, está muy claro que salieron de su nicho ecológico, sin embargo, no está tan claro en el resto de especies. Lo verdaderamente importante de la hipótesis de Alcock es que concede a la conducta instrumental un gran valor, hasta el punto de que reconoce que, en algunas especies, pudo ser vital para su evolución.

-*Hipótesis del forrajeo extractivo.* En su artículo de 1977, Sue Parker y Kathleen Gibson propusieron que el uso y fabricación de herramientas surgió en el ancestro común de los monos capuchinos e, independientemente, en el ancestro común de los grandes simios, como una adaptación para conseguir alimentos que debían de ser extraídos y para recordar su localización espacial y temporal (dónde y cuándo los habían colocado). El hecho de que el gorila apenas haya sido observado utilizando o fabricando herramientas[7] lo explican sugiriendo que se debe a su emigración a otro tipo de nichos donde ya no le resultaba necesario. Es una hipótesis que se centra en el importantísimo aspecto de la alimentación, que es uno de los contextos en los que la conducta instrumental se ha mostrado muy eficaz. Además, tiene datos experimentales y observacionales, en la actualidad, a favor, ya que tanto los monos capuchinos, como los orangutanes, los chimpancés y los gorilas, han sido observados, bien en cautividad o bien en libertad, llevando a cabo acciones en las que utilizaban una herramienta para extraer algún tipo de alimento (romper la cáscara de un fruto, utilizar palitos para coger insectos…).

-*Hipótesis del juego.* Esta hipótesis fue propuesta en 1984 por el primatólogo estadounidense Michael Huffman. Según Huffman, el uso de herramientas derivaría del juego, de las actividades que los animales realizamos para divertirnos. Así, el juego habría llevado a algunos animales a comenzar a manipular objetos, lo que, a su vez, habría desencadenado la conducta instrumental. Se trata de una propuesta lógica pero poco probable, ya que la mayor parte

---

[7] Hoy en día se tienen más evidencias al respecto que en 1977, aunque tampoco en demasía, sobre la conducta instrumental del gorila.

de las observaciones sobre uso y fabricación de herramientas observadas en animales aparecen más en otros contextos (alimentación, defensa, bienestar...) que en los propiamente lúdicos.

-Hipótesis condicional. Técnicamente no se trata de una hipótesis, sino de unas condiciones que el biólogo y primatólogo holandés Carel van Schaik y sus colaboradores creen que son ineludibles para que aparezca la conducta instrumental en una especie animal. Estos requisitos serían tres: un hábitat adecuado, en el que estén disponibles las materias primas necesarias para fabricar herramientas o los objetos que puedan utilizarse como tales; destreza en la manipulación de objetos; y un grupo social en el que la información relativa a las herramientas (invención, materiales, fabricación...) pueda ser intercambiada sin demasiadas restricciones entre los individuos.

Es difícil decantarse por una sola de estas hipótesis. Probablemente, el origen de la conducta instrumental posea un poco de cada una, y los factores que todas ellas señalan interaccionasen entre sí para dar vida a este comportamiento tan peculiar y distinguido. Por ello, todas las propuestas han de ser tenidas en cuenta a la hora de intentar esclarecer su origen en el Reino Animal. Por otro lado, las hipótesis pueden generar también cierta confusión, pues, muchas veces, no se especifica si de lo que se habla es del origen de la conducta instrumental en todos los animales, en los primates o solo en los humanos y sus antepasados.

Herramientas, inteligencia y evolución

El uso y fabricación de herramientas ha producido la aparición de toda una serie de afirmaciones y creencias, algunas más científicas que otras, que, en cualquier caso, es mejor repasar y colocar en su lugar apropiado.

Uno de los primeros aspectos que tienen que ser señalados es que, pese al relativamente elevado número de especies que usan y/o fabrican herramientas, la conducta instrumental es una extravagancia taxonómica. Es decir, de todas las especies animales que existen, no son muchas las que llevan a cabo comportamientos instrumentales, reduciéndose su número a algunos invertebrados, peces, aves y varios tipos de mamíferos. Dentro del orden de los primates es mucho más común, pero tampoco alcanza un nivel elevado de regularidad, salvo en el caso del chimpancé, el orangután, el mono capuchino y el ser humano.

Otro caso lo representa la tradicional idea de que el uso y fabricación de herramientas es un síntoma inequívoco de que una especie animal es inteligente. Kenneth Hall (artífice de la hipótesis del agonismo) fue de los primeros expertos en contrariar esta noción, afirmando que la conducta instrumental tampoco es tan deslumbrante si se compara con otros comportamientos que se llevan a cabo en el mundo animal, y que la consideración especial que ha alcanzado se debe a que nos recuerda superficialmente al uso de herramientas que hacemos los humanos. Obviamente, hay otros comportamientos en animales no humanos que son también un signo claro de inteligencia. Así, los monos vervet o tota, por ejemplo, poseen un sistema de comunicación mediante vocalizaciones por el cual pueden avisar a los miembros del grupo del tipo de depredador que pretende acabar con ellos; es decir, tienen una alarma distinta según se acerque un águila, un leopardo o una serpiente. Algo parecido sucede con la suricata, que puede emitir señales que avisan sobre la caída de un árbol a los miembros de su grupo para que estos no mueran aplastados.

Por otro lado, existe, también, lo que Benjamin Beck ha denominado como *chimpocentrismo*, que no es más que la fijación de los investigadores y la opinión popular en utilizar al chimpancé como modelo de animal inteligente, cuando existen otros animales que muestran un comportamiento igual de complejo en la realización de ciertas actividades, como el lanzamiento de moluscos y otros animales con concha contra el suelo que realizan las gaviotas para poder acceder al recurso alimenticio, el cual requiere que la gaviota calcule, incluso, la altura a la que dejarlos caer.

Sin embargo, no podemos olvidar que la conducta instrumental funciona de manera natural como solucionadora de problemas y que el uso de herramientas sigue utilizándose experimentalmente como medidor de inteligencia. Como reflexiona acertadamente Donald Griffin en su obra *Animal minds*[8] («Mentes animales»):

> *El uso de herramientas, y especialmente la preparación de las mismas, constituye una genuina separación entre el comportamiento especializado y la meta conseguida (…) Seleccionar un objeto apropiado para usarlo como herramienta supone una acción independiente por parte del animal: la adaptación de un objeto que de otro modo no tendría ninguna importancia, como una rama o ramita, para un propósito específico. Por lo tanto, es adecuado conservar la visión tradicional de que el uso de herramientas, y especialmente la fabricación o preparación de las mismas, son muy especiales, aunque por supuesto no únicamente indicativas, para conocer el pensamiento consciente de un animal*

Respecto a la relación de la conducta instrumental con la evolución humana, ya hemos señalado antes que si bien el uso y fabricación de herramientas no es lo único que hizo despegar el proceso evolutivo humano, sí que es un tipo de comportamiento que reúne mucha de su esencia. Es por ello que algunos de los más eminentes científicos que estudian el comportamiento animal han señalado su importancia respecto al desarrollo evolutivo humano, y que el estudio de esta conducta en otro animales, especialmente en los primates (y dentro de estos en los grandes simios), ayuda a esclarecer el proceso.

---

8 No existe ninguna edición en castellano de esta obra tan importante.

Conducta instrumental y cultura material

Una aserción rotunda que puede realizarse sobre el uso y fabricación de herramientas es que, por definición, es cultura material. A grandes rasgos, la cultura material es la evidencia física de la cultura. Existen rasgos culturales que no tienen manifestación material, como, por ejemplo, una forma de pensar (marxismo, nihilismo, existencialismo), pero existen una gran cantidad de características culturales que pueden ser tocadas, analizadas, olidas, medidas o jugadas. Esto es lo que los arqueólogos llaman cultura material, e incluye elementos materiales como una lasca de sílex utilizada en el Paleolítico para cortar carne o fabricar una lanza, un parque, un videojuego, una vasija de cerámica neolítica, un martillo o un mosaico romano. No obstante, la cultura material no se reduce solo a la conducta instrumental, sino que esta, más bien, se engloba dentro de aquella; en otras palabras, un martillo o una lasca de sílex son conducta instrumental, pero una cama o un mosaico romano, pese a haber sido fabricados con herramientas, no lo son. Así es para el ser humano, y, también, para los animales no humanos: dado que existe una cultura humana y una cultura no humana, podemos hablar sin dilación de una cultura material no humana. Los nidos de aves o de chimpancés, por ejemplo, serían un ejemplo perfecto de cultura material no humana que no es conducta instrumental.

En el apéndice 3, pueden consultarse algunas de las definiciones que la Arqueología y la Antropología han dado sobre la cultura material, para comprobar, así, lo distinto que es este concepto del de conducta instrumental.

La mayoría de las definiciones sobre cultura material no suelen tener en cuenta que puede existir cultura (material) en una sociedad que no sea humana, pues la capacidad simbólica de nuestra especie se convierte en condición ineludible para la existencia de la misma. Pero adentrarnos en un debate sobre si los animales no humanos tienen o no cultura material sería volver a una problemática (la de la cultura) que pensamos que ya ha quedado soliviantada con anterioridad. Lo que pretendemos ahora es señalar, de manera concisa, la diferencia que existe entre la conducta instrumental y la cultura material, siguiendo el planteamiento con el que comenzábamos.

Y, como decíamos, un primer punto es que los objetos utilizados en la conducta instrumental son parte de la cultura material, ya que ninguna de las definiciones señala si los objetos tienen que estar manufacturados o no. Más importante parece el hecho de que existen una gran cantidad de objetos materiales o de construcciones que son cultura material pero no son parte de la conducta instrumental. Dentro de la cultura material humana se incluyen edificios, muebles, adornos personales, medicinas (naturales o no) o comidas. Muchos de los elementos mencionados no entran dentro de la definición de conducta instrumental y, por supuesto, muchos no aparecen en el mundo animal no humano, pero sí algunos. Por ejemplo, los nidos que construyen las aves o los grandes simios vendrían a cumplir la función que en nosotros tiene la casa o la cama. El problema es que no cumplen el requisito de la meta inmediata para ser considerados como conducta instrumental, es decir, no son sostenidos o transportados durante o inmediatamente antes del uso.

Algo muy similar sucede con las plantas que los chimpancés consumen con fines medicinales, salvo que en este caso se excluyen por la ausencia de uso que conllevan, ya que el chimpancé solo la consume (no la aplica a una herida, por ejemplo). Otros comportamientos similares se dan entre los orangutanes y los monos capuchinos, quienes se frotan la piel con plantas que parecen tener un uso medicinal. (No obstante, en estos casos no está muy claro que no se pueda hablar de conducta instrumental, ya que la planta no es consumida, sino arrancada y frotada contra el cuerpo). En una población humana, los medicamentos (naturales o no), se entienden dentro de la cultura material, por lo que estos ejemplos, así como los casos de los nidos que se han citado, deberían ser reconocidos también como una forma de esta.

De este modo, Bill McGrew publicó una de las mayores monografías que existen acerca de la materialidad de las sociedades del chimpancé bajo el título de *Chimpanzee material culture: implications for human evolution*[9] («Cultura material del chimpancé: implicaciones para la evolución humana»), introduciendo el concepto arqueológico de cultura material en Primatología. Bajo esta perspectiva no queda más remedio que reconocer que existe tanto una cultura material humana como una cultura material no humana.

Aclaración acerca de las descripciones sobre la conducta instrumental

El uso y fabricación de herramientas se da en lugares de estudio y contextos de uso diversos. Los lugares de estudio suelen reducirse a dos que son muy básicos y que se corresponden con los trabajos de campo y los de laboratorio; a ello, habría que sumar una tercera posibilidad, como es el estado de semilibertad (o semicautividad), que vendría representado por los estudios que se han llevado a cabo en espacios naturales que han sido convertidos en parques y donde se introducen algunas especies, como el mono capuchino. No obstante, esta última condición se limita a pocos casos. Lo usual es marcar la diferencia entre libertad y cautividad, sin que ninguna prevalezca como la más o menos fidedigna al comportamiento de una especie; es decir, que el comportamiento mostrado por una especie en condiciones de laboratorio o cautividad no es menos real que el que pueda mostrar en libertad.

Respecto al contexto de uso, se seguirán los más usuales, salvo que el caso requiera hacer una distinción especial (el juego, por ejemplo), que son: el agonístico (defensa, intimidación, lucha…), el trófico (alimentación, caza…) y el del aseo/bienestar.

---

[9] Al igual que sucedía con la obra de Donald Griffin (y con muchas otras obras de vital importancia para la Etología y la Primatología), este libro de Bill McGrew tampoco cuenta con una edición en castellano.

4. NO SOLO LOS MAMÍFEROS: INVERTEBRADOS, PECES Y AVES

Este capítulo tiene el objetivo de presentar las conductas instrumentales más destacadas en aquellos animales que carecen de apéndices en sus extremidades y que utilizan otras partes de su cuerpo como motor de la conducta instrumental. Parece innecesario señalarlo, pero hay que recordar que para utilizar y fabricar herramientas no es necesario poseer manos (en el sentido más humano de la palabra), sino que, a veces, basta solo con una boca, un pico o unos tentáculos.

¿Huesos? ¿Para qué?

A muchas personas sorprenderá que los invertebrados sean capaces de utilizar (e incluso de fabricar) herramientas, pero es una realidad tan científica como que la fórmula química del agua es H_2O. No obstante, teniendo en cuenta que existen más de 1.240.000 especies de invertebrados (ellos solos constituyen el 97% de todas las especies animales), y que los que utilizan y fabrican herramientas casi se pueden contar con los dedos de las manos, hemos de reconocer que su ejemplo es necesariamente anecdótico.

Dentro de este grupo, la conducta instrumental solo se ha observado en los insectos (hormiga, mosca), los crustáceos (cangrejo, langosta), los cefalópodos (pulpo, calamar) y los gastrópodos (caracol, babosa).

En los insectos, distintos tipos de hormiga y avispa representan los casos mejor conocidos. Así, las larvas de los géneros de mosca *Myrmeleon*, *Vermileo* y *Lampromyia*, cuando son hormigas, excavan hoyos que actúan a modo de trampas para sus presas, y, si la presa escapa de su primer ataque, la hormiga le echa encima arena para paralizarla y poder consumirla sin problemas. Otro tipo de hormigas, como las especies *Aphaenogaster rudis*, *Aphaeonogaster treatae*, *Aphaenogaster tennesseensis*, *Aphaeonogaster fulva*, *Pogonomyrmex badius* y *Solenopsis invicta* usan trocitos de hojas, madera, barro o arena para transportar comida hasta su nido. Por su parte, las hembras de los géneros de avispa *Ammophila* y *Sphex* se ayudan de trocitos de rama, corteza o semilla para usarlos a modo de martillo y compactar más el cierre de los avisperos, donde introducen otros insectos que van almacenando como alimento, igual que si se tratase de una *despensa*.

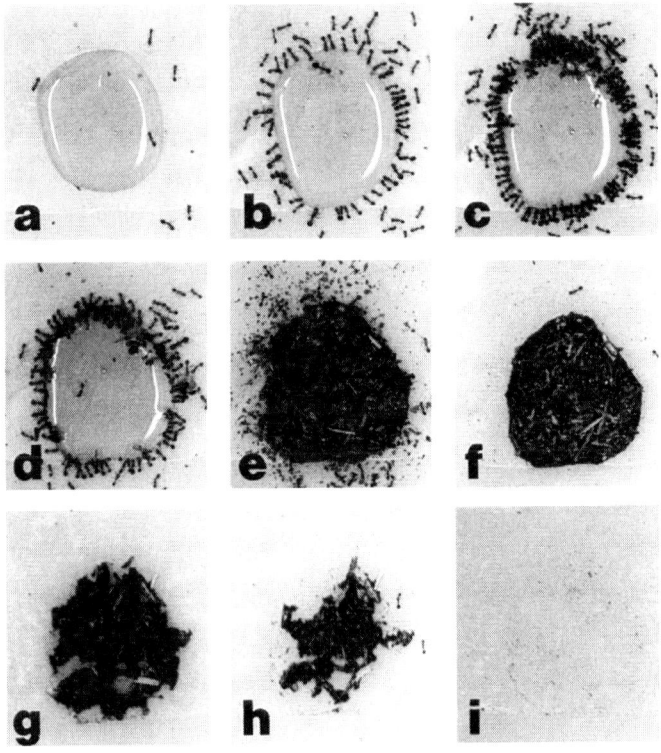

Fig. 3. Secuencia de hormigas utilizando granos de arena para transportar miel.

En varias especies de crustáceos, como los cangrejos, se ha observado que utilizan distintos materiales (desde pedazos de plantas marinas a las conchas de caracoles muertos) para protegerse frente a determinados predadores. Asimismo, en gastrópodos, las especies de caracol *Tegula brunnea* y *Tegula funebralis* utilizan rocas grandes para recolocarse cuando se han quedado en posición invertida, con la concha mirando hacia abajo. Hay que recordar que en el momento en que un trozo de planta es arrancado ya se considera fabricación de herramientas, por lo que en los invertebrados se daría tanto un uso como una fabricación de las mismas.

Recientemente, en el año 2009, un equipo de biólogos marinos, encabezado por Julian Finn, de la Universidad La Trobe y el Museo Victoria de Australia, observó y registró la primera evidencia de uso de herramientas en cefalópodos, concretamente en la especie de pulpo *Amphioctopus marginatus*. Los investigadores estudiaron a 20 individuos distintos, los cuales utilizan la mitad de la cáscara de los cocos que los humanos lanzan al agua en las costas de Indonesia como defensa ante potenciales peligros. A veces, simplemente da la sensación de que transportan la mitad de la cáscara del coco como si de un adorno se tratase, sin ninguna utilidad defensiva, ya que dejan sus tentáculos expuestos por fuera de la misma. Pero en gran parte de las observaciones, los pulpos se tapan con esta especie de casco, especialmente cuando se percatan de la presencia de un posible predador o cuando ascienden a la superficie. Lo verdaderamente llamativo de este estudio es que el pulpo reutiliza la herramienta, lo que parece síntoma de cierta previsión de futuro, algo insólito e insospechado en la conducta instrumental de los invertebrados.

La conducta instrumental en invertebrados suele observarse científicamente como una respuesta innata, casi genética, a estímulos específicos; en otras palabras: están casi programados para ello y no hay ningún tipo de aprendizaje, razonamiento o inteligencia excepcional. Las hormigas, los caracoles o los pulpos utilizan o fabrican herramientas del mismo modo que un bebé llora al nacer, por pura e intuitiva supervivencia, sin que nadie les enseñe que tienen que hacerlo. Sin embargo, el ejemplo del pulpo *Amphioctopus marginatus,* que muestra cierta capacidad para anticipar acontecimientos, demuestra que muchos de estos supuestos podrían no ser tan inamovibles como se pensaba.

Con la boca o el pico: vertebrados no mamíferos

Entre los vertebrados, el uso y fabricación de herramientas ha sido observado y estudiado muy profundamente en aves. En cuanto a los peces, hasta hace poco tiempo tan solo se conocía un caso, pero en los últimos años han aparecido más. Por supuesto, en los vertebrados se incluye a los mamíferos, y dentro de ellos al orden de los primates, pero estos serán tratados aparte.

Las artimañas instrumentales de los peces

En peces, la única observación sobre uso de herramientas que se tenía, hasta hace unos años, es la que lleva a cabo el llamado pez arquero (*Toxotes jaculatrix*). El comportamiento ha sido observado, ocasionalmente, en otras especies de pez, como los anabántidos, pero *Toxotes jaculatrix* se ha convertido en un auténtico especialista. Así, tanto en cautividad como en libertad, el pez arquero absorbe agua y la utiliza como munición con la que aturdir o derribar (lanzando pequeños proyectiles y chorros) a insectos, arañas, crías de lagarto y trocitos de carne, que se convierten en su presa; o, también, para disparar a los ojos de observadores humanos o a sus cigarrillos encendidos, a modo de defensa.

Y esto era todo lo que se había observado en cuanto al uso de herramientas en peces. Sin embargo, en una investigación llevada a cabo en el año 2009, Giacomo Bernardi, profesor de Ecología y Biología Evolutiva en la Universidad de California, recogía sus observaciones sobre el pez brosmio, un miembro del género *Choerodon*. Bernardi presenció, en varias ocasiones, cómo un miembro de dicha especie atrapaba una almeja y la lanzaba repetidas veces contra una roca con el fin de romper su cascarón[10].

Por último, en 2010, un grupo de investigación formado por científicos israelíes, austriacos y estadounidenses hizo públicos los resultados de una investigación que habían llevado a cabo en cautividad con un individuo de la especie *Potamotrygon castexi*, popularmente conocida como raya. En el experimento, el pez debía resolver un problema: sacar un trozo de comida de un tubo utilizando para ello agua (con una técnica parecida a la del pez arquero). Y lo hizo; en tantas ocasiones que no podía ser fruto de la casualidad. No obstante, uno de los directores del proyecto, Michael Kuba de la Universidad de Jerusalén, es consciente de las limitaciones de la conducta instrumental de los peces respecto a otro tipo de animales no humanos, algo que se desprende de las declaraciones que hizo a la BBC con motivo de la publicación del trabajo, al decir que «el uso de herramientas en peces está muy lejos de alcanzar cualquier aspecto que haya sido observado en aves y mamíferos»[11].

La sorpresa aviaria y el increíble caso del cuervo de Nueva Caledonia

Las aves son, después de los primates, los animales no humanos que más ejemplos han reportado sobre el uso y fabricación de herramientas. Existen, además, algunos casos de una complejidad muy considerable que igualan, incluso, a las habilidades demostradas por algunos chimpancés, como es el del cuervo de Nueva Caledonia.

Las aves utilizan y fabrican herramientas, básicamente, para dos cosas: comer (contexto trófico) y limpiarse (contexto del aseo/bienestar). Dentro del contexto de la consecución de alimento existe un tipo de comportamiento muy extendido entre las aves en el que el individuo en cuestión utiliza un objeto pequeño y alargado,

---

10 En esta dirección puede verse la escena al completo:
http://www.youtube.com/watch?v=P_MYQy_eeTQ&feature=player_embedded
11 http://news.bbc.co.uk/earth/hi/earth_news/newsid_8452000/8452008.stm

como una ramita o un trozo de corteza, para sacar a un insecto de alguna hendidura a la que no puede acceder con el pico (como huecos en árboles o en rocas) y comérselo. Un buen ejemplo es el petirrojo americano. Pero, sin duda, los casos más famosos son los representados por el pinzón de las Galápagos y el cuervo de Nueva Caledonia.

La conducta del pinzón de las Galápagos[12] (*Cactospiza pallida*) ha sido amplia y profundamente estudiada, y consiste en la modificación y utilización de objetos alargados (como espinas de cactus o ramitas) para acceder a insectos que se encuentran dentro de los huecos de las ramas caídas de algunos árboles, los cuales pueden ser consumidos con la ayuda de estas herramientas, que son transportadas y utilizadas con el pico. Es importante remarcar la relevancia adaptativa de este comportamiento, ya que, de otro modo, este alimento les sería inaccesible. Con esta misma especie se llevó a cabo un experimento en cautividad en el año 2004, a fin de determinar si en el comportamiento entraba en juego la inteligencia y la relación causa-efecto, o si, simplemente, venía programado en sus genes. En el experimento, conocido científicamente como la prueba del tubo, varios individuos de esta especie tenían que utilizar un palo para extraer un trozo de comida de un tubo de plástico colocado horizontalmente sobre una base; pero, además, debían de elegir el palo con la longitud adecuada, pues los que eran demasiado cortos no llegaban, y los más largos eran difíciles de manejar. La mayoría conseguía sacar el trozo de comida sin demasiados problemas, y elegir o fabricar (recortando partes sobrantes) la herramienta de longitud adecuada. Los resultados obtenidos en esta prueba, según los investigadores, los psicólogos Sabine Tebbich y Redouan Bshary, eran similares a los que habían obtenido los chimpancés. Esto no quiere decir, necesariamente, que *Cactospiza pallida* posea la misma inteligencia que un chimpancé, pero sí que su potencial al respecto se había minusvalorado.

---

12 Bajo esta definición se aglutinan varias especies de aves que habitan las islas Galápagos. También se les conoce como pinzón de Darwin, dado que el científico británico basó buena parte de su teoría de la evolución en las observaciones que llevó a cabo sobre ellos. Sin embargo, la conducta instrumental se refiere solo a la especie señalada.

Pero dentro de la conducta instrumental de las aves, el auténtico fuera de serie es el cuervo de Nueva Caledonia, que, en los últimos años, ha acaparado progresivamente la atención de los especialistas. El cuervo de Nueva Caledonia (*Corvus moneduloides*) fabrica dos tipos distintos de herramientas con bastante destreza. Una de ellas son ramitas arrancadas de ramas más grandes, a las cuales, además, despoja de hojas y corteza para poder optimizar su utilización, y que tienen una forma que recuerda ligeramente a un gancho. La otra es creada a partir de hojas de un pandanáceo[13] mediante recortes realizados con el pico; esta manufactura le da una forma definida, ya que la herramienta es más ancha en la parte que el cuervo sujeta con el pico y más estrecha en el extremo opuesto. Ambos tipos de herramienta son utilizados para acceder, igual que hacía el pinzón de las Galápagos, a distintos tipos de insectos que se encuentran en huecos, grietas y hendiduras de troncos o de grandes ramas caídas.

Las herramientas con forma de gancho son fabricadas de manera simple, arrancándolas de otras ramas más grandes, mientras que las herramientas hechas con hojas de pandanáceo, por su parte, son creadas de manera más compleja. El proceso es como sigue. El cuervo de Nueva Caledonia localiza una hoja de pandanáceo, se acerca y, con el pico, comienza a realizar una serie de cortes sobre ella, tanto paralelos a la fibra como longitudinales. Una vez que ha realizado los cortes, da un tirón fuerte con el pico y extrae la herramienta. Después, solo le resta acercarse a cualquier agujero u oquedad que los troncos de los árboles suelen presentar e hincar su *tenedor* sobre alguno de los insectos que haya tenido la mala suerte de estar en ese lugar.

Experimentalmente, además, se ha observado cómo esta especie es capaz de elegir la herramienta más adecuada, en cuanto a longitud se refiere, para realizar tareas extractivas y de elegir y/o modificar herramientas para que tengan un diámetro igualmente adecuado.

---

[13] Planta tropical que se encuentra en la zona del océano Pacífico y que presenta un tipo de hoja rígida y más dura de lo normal.

Fig. 4. El cuervo de Nueva Caledonia en acción.

El cuervo de Nueva Caledonia se ha mostrado diestro también en la solución de problemas experimentales que envuelven el uso de una herramienta para acceder a otra y, con esta última, acceder al premio u objetivo; es decir: en el uso de metaherramientas. En este sentido, el investigador Alex Taylor y sus colaboradores llevaron a cabo un experimento cuyos resultados se publicaron en el año 2007. El problema que se presentaba a siete individuos de *Corvus moneduloides* era que la comida (el objetivo) se encontraba en un agujero de 15 cm de profundidad, donde los córvidos no podían llegar solo con la ayuda de su pico. No obstante, en una jaula se encontraba un palo de 18 cm, suficientemente largo como para permitir el acceso al objetivo, salvo porque estaba situado a unos 4 cm al interior de la jaula, y tampoco podían llegar con su pico. Pero, para suerte de los cuervos, enfrente de la jaula, se encontraba un palo de 5 cm de longitud, que podían utilizar para alcanzar el palo más largo y, con este, su objetivo. Todos los individuos lograron superar la prueba[14], lo cual revela que si los cuervos de Nueva Caledonia no fabrican y utilizan tantas y tan variadas herramientas como los chimpancés, no es por falta de inteligencia sino por una simple cuestión anatómica: no tienen manos.

---

14 En este enlace puede verse cómo uno de los individuos resuelve la tarea:
http://www.youtube.com/watch?v=4RpOGYYKdaQ

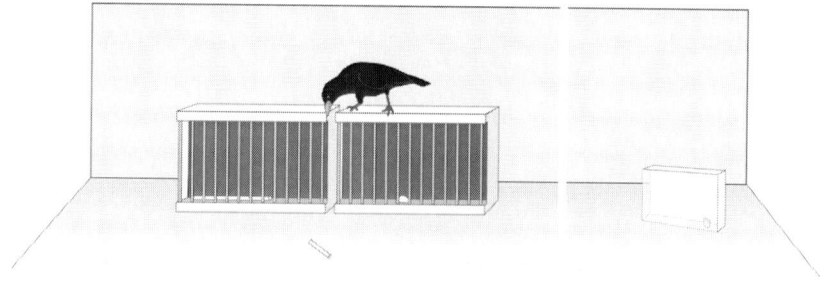

Fig. 5. Reconstrucción del experimento del uso de metaherramientas por el cuervo de Nueva Caledonia.

Otro tipo de conducta instrumental que se ha dado en el contexto trófico es el del lanzamiento de piedras u otros objetos sobre determinados recursos alimenticios, como huevos, que realizan algunas aves. El caso paradigmático es el observado en el buitre egipcio, *Neophron percnopterus*, el cual coge una piedra con el pico, levanta la cabeza mirando hacia arriba y con un golpe hace que la piedra rompa la cáscara del huevo del avestruz, pudiendo acceder, entonces, a la parte comestible, a la fuente proteínica. Algo parecido se ha observado en la especie *Gypoictinia melanosternum*, solo que esta lanza las piedras desde el aire sobre los huevos del emú, un ave australiana parecida al avestruz. La chova de alas blancas (*Corcorax melanorhamphus*), utiliza, también, pedazos de concha o conchas enteras de la especie de molusco *Velesunio ambiguus*, bien golpeando bien lanzando desde arriba, para romper la concha de esta misma especie y acceder al alimento.

Utilizar un cebo para atraer a una presa y, seguidamente, abalanzarse sobre ella para paralizarla y consumirla es un tipo de uso de herramientas que se ha observado en aves. Así, la garza verde echa pedacitos de comida sobre la superficie acuática de los manglares para que los peces salgan a ella y poder atraparlos. El mismo sentido tiene la acción de una especie de lechuza americana (*Athene cunicularia*), que esparce boñiga de mamífero alrededor de su madriguera (ya que este tipo de ave tiene hábitos terrestres) para atraer a cierto tipo de escarabajo que se alimenta de las mismas, y cuando los escarabajos se acercan al cebo, los atrapa y consume; esta conducta hace que la lechuza coma diez veces más escarabajos.

En el contexto del aseo/bienestar, el cormorán de doble cresta (*Phalacrocorax auritus*), utiliza las plumas que ha mudado para limpiarse ciertas sustancias glandulares que han quedado pegadas a sus alas; cacatuas (*Cacatua sanguínea*) y loros (*Psittacus erithacus*) han sido observados rascándose las cabezas con ramitas, huesos, cucharas, cable y trozos de galleta y pan; y el petirrojo de Pekín (*Leiothrix lutea*) diariamente utiliza hojas para secarse después de limpiarse la suciedad de su cuerpo en el agua, como si de una toalla se tratase.

Por último, hay que señalar la conducta que lleva a cabo el pájaro emparrado macho, el cual levanta una construcción a partir de ramas que toma el aspecto de un rudimentario portal; algunas especies de este peculiar animal, incluso, como *Ptillonorhynchus violaceus* o *Chlamydera maculata*, pintan el interior del portal con una mezcla de carbón, pulpa de fruta, hierba, barro y madera masticados. Este portal indica a las hembras de la especie quien puede ser su compañero de apareamiento perfecto; en otras palabras: para las hembras, el macho que haga el portal más bonito para su gusto será el padre de su descendencia. Ni la construcción ni la decoración pueden tomarse como conducta instrumental, dado que no cumplen los requisitos de la meta inmediata (como los nidos) ni de que sea un objeto suelto (ya que pintan con el pico y no con una herramienta). Sin embargo, se cree que la especie *Ptillonorhynchus violaceus* ha utilizado un *pincel* para decorar su portal, ya que se encontraron pequeños trozos de corteza mezclados con la *pintura* y saliva, lo cual ha hecho sospechar que este tipo de especie si use herramientas en este tipo de apareamiento tan característico. Lo más destacable de este caso es que muestra un posible uso de herramientas en un contexto sexual, lo cual solo se había observado en chimpancés.

Las aves son, junto a los primates y algún que otro mamífero, los animales no humanos que más evidencias han ofrecido de poseer las habilidades y capacidades necesarias para fabricar y utilizar herramientas de un modo altamente eficaz, reportándole esta conducta un buen puñado de beneficios en el desempeño de su vida diaria. Se trata de animales muy inteligentes, cuyo potencial cognitivo (su capacidad para comprender con precisión el mundo que les rodea) es equiparable, en muchos casos, al de los grandes simios. Pero, sobre todo, su ejemplo demuestra que no es necesario poseer una ventaja evolutiva (como son las manos) para poder desempeñar comportamientos bastante complejos.

5. GARRAS, PATAS, BOCA O TROMPA: MAMÍFEROS NO PRIMATES

La conducta instrumental de los mamíferos que no pertenecen al orden de los primates tiene, principalmente, tres protagonistas: la nutria marina, el elefante y el delfín. Existen más casos, que también serán descritos, pero estos son los que tienen mayor peso científico. Otros casos conocidos son el de los osos polares, algunas especies de roedores, caballos y hasta algún caso de perro.

El show de la nutria marina

Desde que el comportamiento fuera observado por primera vez en 1939, *Enhydra lutris,* más conocida como nutria marina, se ha convertido en el mayor ejemplo de un mamífero no primate que usa herramientas de manera habitual y con mucho esmero para conseguir cierto tipo de alimentos. Sin embargo, el trabajo que investigó esta conducta con más profundidad fue el que Kenneth Hall y George Schaller publicaron en 1964. Ambos investigadores observaron durante seis días a las nutrias marinas que habitan el Point Lobos State Park de California, y constataron 30 casos de uso de herramientas en un número de individuos que variaba entre 5 y 15. Un tipo de comportamiento que llevaban a cabo para alimentarse.

El comportamiento consiste en que el individuo, mientras flota en el agua boca arriba, se coloca una piedra en el pecho, la cual utiliza a modo de yunque contra el que impactar (y romper) la concha de los abalones, un tipo de molusco muy valorado por el recurso cárnico que contiene, pero al que rodea una densa y resistente concha. Otros tipos de alimentos también son golpeados contra la piedra, como cangrejos y erizos de mar, aunque en una medida bastante más baja comparados con los abalones. Además, se observó que, ocasionalmente, algunos individuos usaban la misma piedra en sucesivos episodios de uso, y que uno en concreto se la había guardado debajo de la axila mientras consumía cangrejos hasta que volvió a utilizarla otra vez.

Fig. 6. Hora de comer para la nutria marina; obsérvese la piedra utilizada a modo de yunque.

El espantamoscas del elefante asiático

Tanto el elefante africano como el asiático han sido observados utilizando y fabricando herramientas, en libertad y en cautividad. Suelen utilizar ramas que arrancan de árboles con la trompa para rascarse ciertas partes del cuerpo, como las patas, y también lanzan piedras, tierra, ramas, hierba o heces hacia los observadores humanos como muestra de alarde agonístico, es decir, en un intento de intimidarlos. Pero hay un tipo de comportamiento del elefante asiático, dentro del contexto del aseo/bienestar, muy interesante y peculiar, ya que se sirve de ramas pobladas de hojas y ramitas para ahuyentar a las molestas y distintas especies de mosca que existen en Asia. Con la intención de ampliar el conocimiento de esta conducta, se han llevado a cabo algunos experimentos realizados en cautividad. En uno de ellos, los investigadores (los biólogos de carrera Benjamin Hart y su esposa Lynette Hart) quisieron saber si tal comportamiento había sido aprendido para evitar la picadura de las moscas, la cual puede llevar a perder una cantidad diaria de sangre considerable. Para ello, observaron a los elefantes en cuatro franjas horarias, que correspondían con los momentos de menor y mayor presencia de moscas respectivamente, desde el amanecer al atardecer, siendo el medio día y la tarde temprana los momentos de mayor abundancia de dípteros. Sus conclusiones fueron que los momentos de mayor utilización de las ramas coincidían con el de mayor presencia de moscas. Además, quisieron comprobar también la eficacia de las ramas en ahuyentar a las moscas, para lo que observaron a dos grupos distintos: uno con ramas y otro al que se las habían quitado. Así, se dieron cuenta de que aquellos que contaban con ramas para ser utilizadas reducían casi a la mitad el número total de moscas que se encontraban a su alrededor.

En otro experimento, Benjamin Hart quiso comprobar si el elefante era capaz de crear la herramienta apropiada, ya que esta no debe ser muy larga ni tener muchas hojas o ramitas. Así, de los 13 individuos que fueron sometidos al experimento, 8 de ellos lograron modificar la rama principal de manera eficaz, bien acortándola bien arrancándole otras ramitas u hojas. Esta capacidad ha llevado a pensar, quizás de manera precipitada, que la conducta instrumental del elefante asiático está al mismo nivel que la de los grandes simios y que solo falta un argumento más para tener más convicción al respecto, como es la observación en libertad de la fabricación de las herramientas, que solo ha sido observada en estos experimentos realizados en cautiverio.

Fig. 7. Un elefante selecciona y arranca la rama adecuada para utilizarla como espantamoscas.

La astucia del delfín

El delfín común (*Tarsiops* sp) suele llevar con la boca esponjas marinas que le ayudan a la hora de conseguir presas con las que llenarse el estómago. Sin la esponja, los pequeñísimos peces que se quieren consumir serían casi invisibles, ya que se ocultan en el fondo marino, pero la esponja hace las veces de sonda y les hace descubrirse, momento que el delfín aprovecha para comérselos. El comportamiento es adaptativo y, como hemos señalado antes, se ha querido ver como un signo de cultura en esta especie, ya que las madres exponen a las crías para que observen cómo lo realizan.

Roedores, osos, cabras, búfalos, perros...

Algunos roedores han sido observados utilizando herramientas. Por ejemplo, la tuza (*Thomomys bottae*) se sirve de piedras y trozos duros de comida, a modo de *pala*, para poder excavar mejor su madriguera. Algo muy similar ha sido observado en un experimento llevado a cabo en cautividad en la rata topo desnuda (*Heterocephalus glaber*), la cual utiliza trozos de tubérculo o virutas de madera, colocándoselos detrás de los incisivos, para evitar asfixiarse o atragantarse al inhalar ciertos materiales mientras excavan un túnel. El ratón espiguero (*Micromys minutus*) logró usar un tallo de avena a modo de escalera dentro de su jaula de cristal para engancharse a la valla metálica que lo cubría, y una marmota, también en cautividad, fue observada lanzando arena a patadas a serpientes como método de defensa.

En el grupo de los úrsidos, también se han observado casos de conducta instrumental, tanto en cautividad como en libertad. Así, varios individuos de la especie *Ursus ornatus* fueron observados en el zoo de Basel (Suiza) utilizando ramas para hacer caer frutos y hojas de las zonas más altas de los árboles, así como para alcanzar trozos de pan que se habían quedado alejados o molestar a una garza. Un astuto oso pardo (*Ursus arctos*) del zoo de Berna, también en Suiza, empujó un pequeño barril contra el muro de su foso que le sirvió para poder pedir comida desde una posición más ventajosa que el resto de sus compañeros. Por otro lado, los osos polares (*Ursus maritimus*) son capaces tanto de utilizar como de fabricar herramientas, por ejemplo, cuando desprenden trozos de hielo de otros más grandes y los dejan caer sobre focas y morsas, bien para matarlos o para dejarlos inmóviles; el lanzamiento de objetos, como barriles de aluminio, también se ha observado en zoológicos. En otros casos, el oso polar captura y hiere a cachorros de foca y los lanza al agua para que actúen como cebo que atraiga a la madre, la cual, al intentar salvar a sus crías, es atacada por el depredador; en este caso, el oso polar utiliza a otro organismo como herramienta.

Otros casos mucho más anecdóticos son los de una cabra y un búfalo o un caballo utilizando distintos objetos para rascarse el cuerpo o la cabeza, o el de una perra cocker sparriel que utilizó una canica de piedra para peinarse el pelo de sus patas delanteras, cogiendo la canica con los dientes y metiendo el pelo entre la lengua y el objeto, de manera que la canica hacía las veces de alisador.

Como se habrá podido comprobar, si exceptuamos el caso de la nutria marina, de los elefantes y, tal vez, el del delfín, la conducta instrumental en mamíferos no primates es muy escasa y rara, hasta el punto de que es mucho más común entre las aves. Por supuesto, esto no significa que los mamíferos no tengan la inteligencia necesaria para llevar a cabo conductas instrumentales (recordemos que de todos los animales los mamíferos son los que cuentan con un mayor grado de encefalización, siendo los primates y el ser humano el mayor ejemplo). Más bien, es un dato a tener en cuenta a la hora de intentar trazar una historia natural del uso y fabricación de herramientas, ya que, más que fijarnos únicamente en la clase, orden o familia a la que pertenezca el animal en cuestión (divisiones que suelen malentenderse como más o menos inteligentes según se van acercando al ser humano), deberíamos de abrir nuestra perspectiva a otros aspectos importantes, como, por ejemplo, las condiciones ambientales a las que ha tenido que hacer frente a lo largo de toda su historia evolutiva, a lo largo de su evolución como especie.

6. AL PRINCIPIO FUE EL PROSIMIO

Los prosimios representan el grupo de los primates en el que perviven más características ancestrales de nuestro orden animal; es decir, que han evolucionado menos que los otros tipos de primates respecto a las primeras formas de vida primate que aparecieron en la Tierra hace unos sesenta y cinco millones de años. Una muestra de este *primitivismo* es que comparten rasgos con otros mamíferos que no tienen los antropoideos (monos y grandes simios[15]), como el *tapetum*, una capa que se encuentra en la retina del ojo y que refleja la luz, lo que permite la visión nocturna. El parecido de los prosimios con lo que tuvieron que ser los primeros primates podemos apreciarlo en que, por ejemplo, hasta 1980 una especie de musaraña (*Tupaia glis*) se incluía taxonómicamente dentro de los prosimios.

Los prosimios lo conforman los lorísidos, potos, galágidos, lémures y társidos. Las muestras de conducta instrumental de los prosimios han sido, tradicionalmente, muy escasas y meramente anecdóticas, prácticamente como las de algunos mamíferos no primates. En los últimos años, sin embargo, han aparecido algunas investigaciones en revistas especializadas que han querido estudiar la capacidad de estos primates a la hora de fabricar y utilizar herramientas, aunque siempre en cautividad y bajo condiciones experimentales, nunca en observaciones en libertad.

Así, el psicólogo Daniel Povinelli y la antropóloga Eleonor Sterling publicaron en 1999 los resultados de un estudio en el que comprobaron como el aye-aye (*Daubentonia madagascariensis*),

---

[15] El término *mono* no es taxonómico y suele utilizarse en la jerga popular indistintamente para referirse a los primates. No obstante, los prosimios no son monos, ni los menores y grandes simios (gibones, orangutanes, gorilas, bonobos, chimpancés y nosotros).

una especie muy peculiar de lémur (sobre todo por su gran tamaño), utilizó una liana para acceder a un recurso alimenticio. El problema para el prosimio era que la comida estaba contenida en unos recipientes que estaban lo suficientemente alejados de él para que no pudiera alcanzarlos con sus manos. La solución se dio al utilizar la liana para balancearse y, de este modo, poder hacerse con el preciado alimento.

Por otro lado, un equipo encabezado por la psicóloga Laurie Santos, de la Universidad de Yale, llevó a cabo un experimento con dos especies de lémur (*Eulemur fulvus* y *Lemur catta*; lémur marrón y lémur de cola anillada respectivamente). En dicha experimentación se sometió a seis individuos distintos (tres de cada especie) a cuatro pruebas diferentes a fin de comprobar su capacidad para usar herramientas. En la primera prueba, todos los individuos aprendieron a utilizar un objeto con forma de gancho para atraer hacia sí un pedazo de comida que se encontraba fuera de su alcance, mostrándose en el desempeño de esta tarea tan diestros como otras especies de las que se tiene buena nota sobre su conducta instrumental. Los otros tres experimentos restantes, por su parte, tenían como finalidad comprobar si los lémures podían reconocer la funcionalidad de las herramientas; por ejemplo: ofreciéndoles a elegir entre una herramienta bien posicionada para atraerse el pedazo de comida, entre una herramienta válida y otra que no lo era o entre una que lo era y otra que lo podía ser si le aplicaba algún tipo de manipulación. En todos los casos, los lémures obtuvieron resultados que hicieron concluir a los investigadores que reconocían las propiedades funcionales de las herramientas, al igual que había sido comprobado en otras especies de primates.

Este trabajo es de las pocas pruebas científicas que existen respecto a la conducta instrumental de los prosimios, y demuestra que estos son igualmente eficaces y rápidos a la hora de aprender esta tarea que otros primates. Lo verdaderamente importante del trabajo es que permite el planteamiento de dos argumentos. En primer lugar, que una especie animal no humana puede ser perfectamente diestra a la hora de utilizar herramientas aunque no haga uso de ellas de manera cotidiana en su estado natural. Y, también, que, probablemente, el origen de la conducta instrumental en los primates (incluyéndonos a nosotros) sea común; es decir, tuvo que aparecer en un determinado momento de la historia evolutiva de los primates para enfrentarse (o solucionar) un tipo determinado de problema (la adquisición de alimento o la defensa, por ejemplo). Este último planteamiento obtiene su poder explicativo del hecho de que los prosimios son el grupo de primates que menos ha evolucionado desde que este tipo de animales aparecimos sobre la Tierra; los que más se parecen, como decíamos al principio de este capítulo, a los primeros animales que empezaron a desarrollar manos, entre otros rasgos. Dicho de otro modo: los seres humanos y el resto de primates utilizamos y fabricamos herramientas porque, probablemente, nuestros más lejanos familiares biológicos tuvieron que enfrentarse a situaciones (ecológicas o sociales: comer, defenderse, atacar, interactuar con otros miembros del grupo…) que requerían de esta conducta para su precisa resolución.

7. LA INVENTIVA AMERICANA

Los primates del Nuevo Mundo (o monos neotropicales) son un grupo cuya característica más definitoria es la forma de su nariz, achatada y con orificios laterales, que les da la designación de *platyrrhini*. Dentro de ellos podemos encontrar dos familias distintas: calitrícidos y cébidos (la cual comprende las subfamilias de los aotinos, calicébinos, cébinos, pitécinos, aluatinos y atelinos). Se trata de monos de tamaño pequeño y medio que tienen una cola prensil y hábitos diurnos (salvo los aotinos o monos de la noche) y que habitan en América.

De todas las familias y subfamilias existentes, la conducta instrumental ha sido observada en cuatro especies, no apareciendo ni en los aotinos ni en los calicébinos (monos tití) ni en los pitécinos. Dentro de este grupo se encuentra uno de los géneros primates cuya conducta instrumental es soberbia y meticulosamente conocida: el famoso mono capuchino (*Cebus* spp), que, junto al orangután, el chimpancé y el ser humano, es uno de los animales que utilizan y fabrican herramientas de muy diversas maneras y en contextos muy diferentes. Por esta destreza y muchas otras más, ha recibido el sobrenombre del *chimpancé del Nuevo Mundo*.

Calitrícidos: esos pequeños primates

Los calitrícidos son monos bastante pequeños (pesan menos de 1 kg) y carecen de una cola prensil, a diferencia de muchos de los otros monos neotropicales. Muchas especies de calitrícido se encuentran amenazadas seriamente por la actividad humana, ya que son muy demandadas para el mercado ilegal de mascotas, y, erróneamente, suele vendérseles como monos tití, los cuáles son de la familia de los cébidos y no de los calitrícidos.

La conducta instrumental no ha sido observada en libertad, y la investigación en laboratorio es muy reciente, reduciéndose solo a dos especies (*Callithrix jacchus* y *Saguinus oedipus*). No obstante, en un zoológico norteamericano donde, con la intención de adaptarles a la futura vida en libertad se dejaba vagar libremente a miembros de la especie *Leontopithecus rosalia rosalia*, se observó cómo muchos de los sujetos utilizaban pequeñas ramitas, así como el collar localizador que se les había puesto, para inspeccionar la corteza y las grietas de los árboles y para acicalar a otros miembros del grupo, constituyendo la única referencia que se tiene de un uso espontáneo de herramientas en calitrícidos.

El tamarín de cabeza de algodón (*Saguinus oedipus*) ha sido la especie de calitrícido en la que más se ha estudiado la conducta instrumental. No obstante, el ejemplo se reduce al mismo tipo de prueba que encontrábamos en los lémures, es decir el *Out of reach problem* o «problema de fuera de alcance» (acercar un trozo de comida con una herramienta y, también, distinguir entre herramientas más apropiadas que otras). Los distintos estudios llevados a cabo, principalmente por la psicóloga Laurie Santos (la misma que estudio a los lémures) concluyeron que, pese a no poseer experiencia anterior en el uso de herramientas, muchos de los tamarinos lograban utilizar un bastón con forma de gancho para acercar un trozo de comida y consumirla plácidamente con las manos. También, se comprobó que los individuos eran capaces de distinguir las propiedades relevantes (forma y tamaño) e irrelevantes (color y textura) de una herramienta, a la vez que mostraban gran curiosidad cuando se la cambiaba de posición.

Esto llevó a los autores de las investigaciones a plantear la hipótesis de que la especie *Saguinus oedipus* (y de modo más general las especies en las que no se ha observado conducta instrumental) eran capaces de identificar los rasgos funcionales de las herramientas, incluso cuando no tenían experiencia previa en conductas instrumentales; es decir, que pueden reconocer para lo que vale una herramienta (y de qué forma es más efectiva) aunque no la hayan utilizado nunca. Sin embargo, esto es válido para individuos que, pese a no haber utilizado nunca herramientas, han sido entrenados para realizar con éxito la prueba (como era el caso de los que tomaron parte en el experimento), pero no puede aplicarse a sujetos que carezcan de una verdadera experiencia previa real.

Cómo lo hacen los cébidos (en especial uno de ellos)

Los cébidos son un grupo de primates neotropicales muy heterogéneo, y es difícil dar una característica general que todos cumplan, ya que dentro del mismo se encuentran seis subfamilias. Por ejemplo, el género *Aotus* tiene hábitos nocturnos pero no tiene cola prensil, a diferencia del mono capuchino; algunos son pequeños, como los monos titís, y otros de tamaño considerable, como el mono araña. La conducta instrumental ha sido observada en varias especies, pero, sobre todo, en el mono capuchino.

En libertad, es muy común que los cébidos utilicen herramientas dentro del contexto agonístico. Así, el mono aullador (*Alouatta* spp el mono lanudo (*Lagothrix lagothrica*), el mono araña (*Ateles geoffroyi*) y el mono ardilla (*Saimiri* spp) han sido observados en repetidas ocasiones utilizando distintos objetos (ramas, heces, piedras pequeñas...) como proyectiles que lanzar sobre los humanos que los estaban persiguiendo. En este sentido, dos investigadoras del Departamento de Antropología de la Universidad Estatal de Iowa, Stacy Lindshield y Michelle Rodrigues, publicaron en 2009 un artículo en el que exponían la conducta instrumental de tres monos araña de la que habían sido testigos directos. Los tres sujetos utilizaron continuamente pequeños palos para rascarse distintas zonas de su cuerpo, como la torácica, la abdominal, la axila o la anogenital, y aliviar un aparente picor. La observación sorprendió por ser la primera muestra que se tenía de la utilización de una herramienta por parte del mono araña en el contexto del aseo/bienestar. Pero, aparte de estos casos señalados, poco más se ha observado dentro de los cébidos, salvo, claro está, para el alumno aventajado: el mono capuchino.

La destreza del mono capuchino

Los monos capuchinos[16] constituyen el género más amplio de la subfamilia de los cébidos, y consta de ocho especies y de otras tantas subespecies. Geográficamente, su distribución se extiende desde Centroamérica a Sudamérica, encontrándose en los ecosistemas de Honduras, Costa Rica, Salvador, Ecuador, Brasil, Colombia o Venezuela. Uno de sus sobrenombres, como indicábamos más arriba, es el chimpancé del Nuevo Mundo, debido al amplio potencial cognitivo que ha mostrado en diversos experimentos sobre inteligencia o uso y fabricación de herramientas. Una prueba de este potencial es que existen programas de ayuda a parapléjicos y tetrapléjicos en los que se les dona un mono capuchino para que les ayude a desenvolverse más fácilmente en su día a día. Básicamente, el papel del mono capuchino consiste en pasarles las páginas de los libros que leen, cogerles el teléfono apretando un botón, darles comida o ayudarles a beber con pajita, por ejemplo.

Su papel en el estudio de la conducta instrumental de los primates no humanos es fundamental, ya que es uno de los géneros donde más se ha observado e investigado, tanto desde un punto de vista cuantitativo como cualitativo, y se ha documentado en varias especies y contextos distintos así como en libertad y cautividad. Sus

---

16 Los primatólogos coincidían hasta hace muy poco tiempo en que los monos capuchinos conformaban un único género primate, *Cebus* spp. No obstante, muy recientemente, un grupo de investigadores, dirigidos por Jessica Lynch Alfaro, ha publicado un trabajo de revisión en el que proponen que los monos capuchinos se dividan en dos géneros. Uno de ellos agruparía a las formas robustas tradicionales de mono capuchino (esto es, las especies de *Cebus apella, Cebus flavius, Cebus libidinosus, Cebus nigritus* y *Cebus xanthosternos*), donde el nombre del nuevo género, *Sapajus*, sustituiría al anterior, *Cebus*; y el otro género, que conservaría la denominación de *Cebus*, se utilizaría para denominar a las formas gráciles tradicionales (es decir, *Cebus albifrons, Cebus capucinus, Cebus kaapori* y *Cebus olivaceus*). Dado que se trata de una taxonomía muy reciente y que aún no ha sido aceptada por toda la comunidad científica, he optado por conservar la clasificación tradicional.

capacidades en el uso y fabricación de herramientas son conocidas desde hace tiempo, ya que en el siglo XVI, el naturalista español Gonzalo Fernández de Oviedo y Valdés observó cómo algunos individuos de una especie indeterminada (probablemente *Cebus capucinus*) accedían a la parte comestible de un fruto con cáscara rompiendo esta con una piedra. En 1892, el naturalista George Romanes, un gran amigo de Charles Darwin, observó a un mono capuchino, que había adquirido como mascota para su hermana, utilizar palos para amedrentar al perro de la familia y para incordiar a los residentes de la casa.

Esta realidad histórica ha provocado que el mono capuchino haya estado siempre presente en el estudio de la conducta instrumental. Sin embargo, su lejanía filogenética con el ser humano (los monos capuchinos llevan evolucionando independientemente desde hace cuarenta millones de años) ha hecho que se le observe desde un segundo plano. Al principio se pensaba que solo el chimpancé demostraba un uso y fabricación de herramientas realmente genuino e indudable, para después ampliarse al orangután; las capacidades de los monos capuchinos al respecto se conocían, pero la mayor parte de las observaciones se habían llevado a cabo en cautividad, y se pensaba que las muestras de conducta instrumental que daban eran, como en otras especies de primates, episódicas y no usuales o fruto del condicionamiento experimental (es decir, de un entrenamiento).

Ahora, no obstante, habiéndose ampliado, sobre todo con la llegada del nuevo milenio, nuestro conocimiento sobre su conducta instrumental, podemos decir que los monos capuchinos conforman, junto al chimpancé y el orangután, una tríada que representa a los tres géneros de primates no humanos cuyo uso y fabricación de herramientas emula al nuestro en la importancia que tiene en sus respectivas rutinas ecológicas, en lo beneficioso que resulta para su supervivencia.

Respecto a este hecho, se ha aducido que los capuchinos no han sido estudiados en estado salvaje con la misma magnitud e intensidad con la que sí se ha hecho en los grandes simios y que, además, su marcado estilo de vida arborícola limita sus oportunidades de usar herramientas. Dicho estilo de vida arborícola impide, también, una observación más sistemática, a no ser que los investigadores trepen y sigan a los monos capuchinos por los árboles, algo ciertamente aparatoso. Probablemente, este apunte metodológico sea válido también para el estudio de otras especies de primates o de otros animales no humanos. Es más, el estudio del uso y fabricación de herramientas del mono capuchino tiene implicaciones para la mejor comprensión de la conducta instrumental de los primeros homínidos[17], ya que, por ejemplo, de las observaciones e investigaciones realizadas con capuchinos se ha comprobado que un gran factor de influencia a la hora de que una especie primate utilice y fabrique herramientas es el grado de *terrestrialidad* que posea; es decir, que una especie que pase casi todo el tiempo en los árboles es bastante probable que utilice y fabrique herramientas en menor medida que otras especies que pasen más tiempo en el suelo. Aunque esto no siempre tiene por qué ser así, y puede haber excepciones cuando una especie ha desarrollado otros factores importantes para la conducta instrumental, como veremos más adelante.

Del mismo modo, las observaciones realizadas sobre el uso de piedras para romper la cáscara de algunos frutos que llevan a cabo los monos capuchinos se ha documentado en hábitats del mismo tipo que los de sabana (cuna natural de nuestra especie), lo que nos indica que en el surgimiento de la conducta instrumental puede darse una convergencia ecológica, aunque sea en grupos de primates bastante separados en el cladograma, como son el mono capuchino y los primeros homínidos. En otras palabras, los monos capuchinos que utilizan piedras para romper la cáscara de algunos frutos viven en un medio ambiente del mismo tipo que en el que se desarrollaron y evolucionaron los primeros seres humanos, lo cual puede haber condicionado el desarrollo de tal conducta instrumental.

---

[17] Los ancestros evolutivos del ser humano tales como australopitecos, parántropos y los primeros miembros del género *Homo*.

Así, el hecho de pasar mucho tiempo en el suelo y de habitar un sistema natural en el que los árboles escasean (como fue el caso de nuestros ancestros) se revelan como condiciones más que probables para la aparición de la conducta instrumental en primates, caso de nuestra especie. Estos son solo algunos de los beneficios que la prehistoria puede obtener del estudio de la conducta instrumental del género *Cebus* para trazar una historia más precisa del uso y fabricación de herramientas en los primeros homínidos y el ser humano.

Ya para entrar en materia, la especie de capuchino que más datos ha reportado sobre conducta instrumental ha sido la de *Cebus apella*, y la especie que ha demostrado un comportamiento más complejo al respecto ha sido *Cebus libidinosus*, que hasta 2001 era considerada una subespecie de la primera. Otras especies que han sido observadas utilizando y/o fabricando herramientas han sido *Cebus albifrons*, *Cebus capucinus*, *Cebus nigritus* y *Cebus olivaceus*. Y los contextos en los que ha aparecido la conducta instrumental han sido el agonístico, el trófico y el del aseo/bienestar. Todas estas especies de mono capuchino han dado evidencias indudables de que saben utilizar herramientas de las más diversas maneras, desde el mero lanzamiento de ramas, el uso de objetos y sustancias para limpiar su cuerpo o el uso de palos para extraer comida de un tubo.

En el contexto agonístico, quizás el caso más conocido (y llamativo) sea el que presenció la primatóloga Sue Boinski en 1986, cuando vio cómo un macho adulto de la especie *Cebus capucinus*, que se encontraba en libertad en el Parque Nacional Manuel Antonio de Costa Rica, golpeaba a una serpiente venenosa con una rama repetidamente hasta matarla. También en Costa Rica, en el Parque Nacional de Santa Rosa, se han observado varias conductas instrumentales de la especie *Cebus capucinus*, que van desde el contexto agonístico al del juego pasando por la exploración y el trófico, con comportamientos como lanzar ramas a observadores humanos, explorar agujeros con un palo en busca de comida o pinchar con un palito a un compañero de grupo por simple diversión.

Por su parte, la especie *Cebus libidinosus* ha reportado un comportamiento muy particular dentro del contexto agonístico, como es el golpear afloramientos de rocas con piedras con la intención de intimidar a posibles depredadores, lo que constituye una muestra que el investigador que lo presenció, Antonio Moura, describió como un *alarde auditivo*, dado que es el sonido producido por el choque de las piedras contra las rocas lo que el individuo pretende que intimide a posibles perturbadores de su bienestar. Además, dado que este comportamiento no se ha observado en otras poblaciones de la especie que usan piedras como herramientas, se sugiere que puede ser una tradición cultural dentro de este grupo del bosque Caatinga, en el noreste de Brasil.

Dentro del contexto trófico, las especies *Cebus albifrons*, *Cebus nigritus* y *Cebus olivaceus* han demostrado su capacidad para usar y fabricar herramientas a la hora de satisfacer una necesidad alimenticia. La psicóloga Kimberley Phillips observó cómo tres individuos de la especie *Cebus albifrons* utilizaban hojas, previamente modificadas (las hojas eran mascadas hasta darles la forma idónea), como *esponja* para recuperar agua de las oquedades de un árbol. En cautividad, los primatólogos Tiago Bortolini y Julio Cesar Bicca-Marques observaron en 2007, por su parte, cómo una hembra de *Cebus nigritus* golpeó una ramita posicionada encima de una piedra con otra piedra más pequeña, y, cuando obtuvo la forma deseada, la utilizó para investigar un agujero de la fuente de donde salía el agua que bebía; además, utilizó también las piedras para romper cubitos de hielo que contenían comida en su interior.

También, en un contexto de semilibertad, al encontrarse los sujetos en una isla que se encuentra en un lago artificial del Parque del Este en Caracas (Venezuela), el antropólogo venezolano Bernardo Urbani vio cómo un grupo de 11 individuos de la especie *Cebus olivaceus* llevaba a cabo distintos comportamientos en los que se hacía uso de herramientas. Las acciones iban desde utilizar media cáscara de naranja para recoger agua y saciar su sed, mascar unas cuantas hojas que hacían las veces de esponja y permitían, también, consumir agua, o utilizar una rama como bastón, aunque en este último caso no se especifica por qué el individuo tuvo la necesidad de procurarse un bastón.

Romper cáscaras no es solo cosa de chimpancés

En libertad, la especie *Cebus libidinosus* da buena fe de la variedad de uso de herramientas más compleja que existe: el uso de piedras para abrir frutos con cáscara dura (por ejemplo, las nueces o las almendras). Tal complejidad viene determinada porque este tipo de comportamiento requiere que el sujeto produzca dos relaciones espaciales distintas: la que existe entre el fruto y la superficie y la que se da entre el fruto y la piedra. Además, la dificultad aumenta al tener que controlar también la fuerza con la que se golpea el fruto y la posición del mismo en la superficie.

Esta conducta había sido observada anteriormente en cautividad o estados de semilibertad en la especie *Cebus apella*[18], *pero nunca había sido entendida como parte habitual del repertorio de comportamientos de una especie del género Cebus* hasta hace muy poco tiempo, cuando se ha descubierto que *Cebus libidinosus* utiliza martillos y yunques de piedra para acceder a la parte comestible de ciertos frutos que presentan una cáscara dura y resistente. Una realidad conductual de la que existía ya información histórica, pues Gonzalo Fernández de Oviedo y Valdés, naturalista español del siglo XVI, decía haberlo presenciado.

Estas investigaciones se han llevado a cabo en distintas zonas de Brasil, las cuales tienen la característica común de no ser zonas húmedas y frondosas, sino más bien secas y con abundancia de zonas abiertas. Una de las primeras referencias directas fueron las observaciones que llevó a cabo el equipo dirigido por la psicóloga y primatóloga Dorothy Fragaszy, cuando fueron testigos de manera sistemática de que los individuos de esta especie que habitan

---

[18] No obstante, ya se ha comentado que *Cebus libidinosus* fue considerada una subespecie de *Cebus apella* hasta 2001, por lo que es probable que en experimentos como este utilizasen a individuos de la especie *Cebus libinidosus*.

en Boa Vista (Brasil) utilizaban piedras como martillos y yunques (también se utilizan yunques naturales de madera) para romper la cáscara dura de ciertos frutos. Primero, ponen el fruto sobre una piedra grande que hace las veces de yunque (o sobre un yunque natural como un tronco), para después colocar el fruto y machacarlo con otra piedra, que funciona como martillo.

Estas observaciones iniciales dieron lugar a toda una serie de descubrimientos posteriores. Ahora, sabemos que seleccionan piedras de tamaño y peso apropiado para llevar a cabo esta actividad, y que las transportan desde distancias considerables hasta los yunques. No menos importante es el hecho de que las piedras y troncos utilizados como yunques muestran evidencias arqueológicas (señales de uso) de haber servido para tal propósito durante largos períodos de tiempo. En otra zona de Brasil, en el área de Cerrado, dentro del Parque Nacional de Brasilia, se observó que, en un grupo de esta especie, 4 de los 8 individuos que lo formaban comenzaron a utilizar piedras a modo de martillo y yunque para romper la cáscara de un fruto (*Hymenaea courbaril*), registrándose más casos posteriormente.

Fig. 8. Un individuo de la especie *Cebus libidinosus* en plena acción machacadora.

Otra conducta de *Cebus libidinosus* ha sido observada en otra zona brasileña, el bosque seco de Caatinga. Aquí, si bien no se dan los mismos comportamientos señalados más arriba, sí que se utilizan piedras para romper semillas, agrandar huecos de los árboles que pueden contener recursos alimenticios, partir tubérculos o, también, para explorar huecos de troncos y rocas en busca de insectos. No obstante, el uso más extendido es el de excavar el suelo con piedras en busca de tubérculos.

Toda esta evidencia científica ha provocado que el uso de piedras como herramientas deje de ser un dominio exclusivo de los homínidos y de los chimpancés y se incluya también al mono capuchino.

Los experimentos de Westergaard y la prueba del tubo

Como hemos dicho, la especie de mono capuchino cuya habilidad para desenvolverse en el manejo y la manufactura de utensilios ha sido más estudiada es la de *Cebus apella*. La mayor parte de estas investigaciones se han realizado en condiciones de cautividad (laboratorio) o de semilibertad, en las cuales se ha querido exprimir todo el potencial cognitivo de esta especie, ya sea con diseños experimentales clásicos, como la prueba del tubo, o con creaciones situacionales que comprueban su destreza a la hora de usar piedras como herramientas o de fabricar artefactos que son utilizados para conseguir una meta determinada (en la mayoría de las ocasiones: un alimento). Sin embargo, existen algunos trabajos de observaciones realizadas en poblaciones en estado de libertad (de las que he seleccionado las más importantes) que han tenido mucho eco dentro de la investigación de la conducta instrumental.

Aparte de los contextos agonístico y de aseo/bienestar, en los cuales todas las especies de capuchino que han demostrado conducta instrumental han sido observados, los casos más destacados de uso de herramientas en libertad por parte de *Cebus apella* o capuchino marrón copetudo (en referencia al copete que les sale a muchos individuos en la cabeza) se entienden dentro de cuestiones tróficas.

Marcus Fernandes, un primatólogo brasileño, observó en Brasil a un individuo macho abriendo ostras ayudándose de un trozo de concha perteneciente a los individuos de la misma colonia que quería consumir, golpeando rápida y repetidamente la protección natural del molusco. Según el criterio de Fernandes, el individuo utilizó este objeto porque en el pantano donde se encontraba no había piedras disponibles y la madera no parecía muy apropiada para llevar a cabo la acción. Esta observación muestra la flexibilidad del capuchino para explotar recursos alimenticios alternativos en hábitats donde no se encuentran los alimentos que normalmente consumen los primates. Otro caso interesante lo constituye el de un individuo macho que utilizaba cebos (trozos de patata, tomate o plátano) para llamar la atención de los peces a los que quería capturar en un estanque de un zoo brasileño. El sujeto en cuestión lo consiguió en once ocasiones, mientras que otros tres miembros de su grupo pescaron un pez cada uno sin utilizar cebo para ello, lo que parece demostrar que dicho comportamiento aumenta sobradamente las posibilidades de conseguir recursos alimenticios.

Más allá de estas dos destacadas observaciones, la conducta instrumental de *Cebus apella*, se ha observado y conocido en el laboratorio. Y si hay un nombre que debe ser destacado en el estudio de la conducta instrumental del mono capuchino ese es el del psicólogo Gregory Charles Westergaard, que ha dedicado gran parte de su carrera a investigar este patrón de comportamiento en este género primate, bajo condiciones experimentales y casi en exclusiva con *Cebus apella*. Así, en sus trabajos en solitario o junto a sus colaboradores profundizó en la capacidad y destreza que posee esta especie para utilizar y fabricar herramientas con finalidades tróficas, pero también, como veremos, en otros contextos.

En uno de sus primeros trabajos publicados, en 1987, comprobó cómo varios individuos de un mismo grupo eran capaces de extraer un recurso alimenticio (sirope) de un contenedor mediante el uso de espigas, así como hacer lo propio con pequeñas toallitas de papel para obtener zumo de otro contenedor. Las espigas se utilizaban para pringarlas con el sirope y las toallitas para absorber el zumo y, de este modo, poder consumir ambos alimentos. Además, tanto las espigas como las toallitas eran manufacturadas. Las espigas, en muchos casos, se arrancaban de ramas más grandes y se les quitaban hojas o pedazos más pequeños para aumentar su eficacia; las toallitas, por su parte, eran manipuladas con manos y boca para darles una forma adecuada que incrementara su capacidad de absorción. En muchos casos, también, los utensilios eran transportados desde distintos lugares de las jaulas hasta donde se llevaba a cabo el experimento.

Sin embargo, han sido Gregory Charles Westergaard y su colaborador Stephen Suomi quienes más se han esforzado en aumentar nuestro conocimiento sobre las habilidades instrumentales de *Cebus apella,* y cómo su estudio puede ayudar a comprender mejor la conducta instrumental de los primeros homínidos. En su trabajo de 1993, por ejemplo, observaron cómo tres individuos de dos grupos distintos eran capaces de utilizar piedras para acceder al fruto comestible de la nuez utilizando, además, pequeños palitos para extraer el fruto; lo hicieron con éxito en 59 de las 60 pruebas a las que se les sometió.

Para conocer más acerca de esta rudimentaria industria lítica que el mono capuchino parecía utilizar sin demasiados problemas, ambos autores comprobaron experimentalmente la capacidad de varios individuos de *Cebus apella* para fabricar y utilizar herramientas de piedra. Primero, les facilitaron 7 piedras de cuarcita, una que actuaba a modo de yunque y otras 6 que variaban en peso, para comprobar cuál era su comportamiento frente a ellas. El resultado fue que 6 de los 11 individuos consiguieron crear lascas de piedra mediante distintos métodos: golpeándolas contra otra superficie (como la piedra yunque); colocando la piedra en otro objeto (como las perchas de sus jaulas) y golpeándola con otra piedra; o golpeando una piedra contra otra. En una segunda situación experimental, les exponían ante un contenedor de plástico con sirope en su interior, el cual no era accesible a menos que cortaran, con las lascas que habían fabricado, una pequeña tapa de acetato de 2 cm de grosor que cerraba el bote e impedía el acceso a la comida. El resultado fue que 3 de los 15 individuos que tomaron parte en este segundo experimento consiguieron cortar la tapa y acceder a la recompensa en repetidas ocasiones. Utilizaron, además, dos métodos distintos: utilizar la lasca simplemente como cuchillo; o utilizar la lasca y otra piedra como cincel y martillo respectivamente, es decir, colocando la lasca sobre la tapa y golpeándola con otra piedra para producir así el corte. Posteriormente al experimento, otros individuos comenzaron a llevar a cabo estos comportamientos, en un ejemplo de imitación.

Estos experimentos venían a completar lo que se había observado poco tiempo antes cuando los mismos individuos utilizaron trozos de hueso para romper las cáscaras de las nueces que se les habían suministrado y acceder al fruto. También utilizaron la técnica del cincel y el martillo para cortar la tapa de acetato de un contenedor igual al del experimento con las piedras, solo que esta vez el cincel era de hueso; incluso se observó que utilizaron las piedras para modificar los trozos de hueso que se usaban como cincel.

Una conclusión que Westergaard y Suomi extrajeron de estos experimentos es que, dado que la especie *Cebus apella* muestra cierta pericia a la hora de utilizar y fabricar herramientas de piedra y hueso sencillas y que su distancia filogenética respecto a las especies de primates humanos es muy marcada, tal vez, esta capacidad, que se consideraba dominio exclusivo de los primeros homínidos y del ser humano, sea una capacidad conductual primitiva que ha aparecido numerosas veces en varias especies de primates, y no solo en los primates humanos. Dicho de otro modo: la conducta no sería una característica exclusiva de la historia evolutiva de nuestra especie.

El mismo sentido tuvieron los experimentos, publicados en 1995, en los que se puso a prueba la capacidad de *Cebus apella* para usar y fabricar herramientas con las que excavar. En este experimento, se diseñó una situación en la que 10 individuos, repartidos en 2 grupos distintos, debían utilizar palos para sacar la tierra de un contenedor, debajo de la cual había depositados varios cacahuetes. Más de la mitad de los individuos excavaron la tierra con las manos, pero 4 de ellos utilizaron los palos como herramientas, los cuales también modificaron (mediante la habitual extracción de ramitas y hojas) a fin de conseguir un mayor rendimiento del utensilio. Esto llevó a Westergaard y Suomi a lanzar la hipótesis, basándose también en lo observado en poblaciones humanas tribales (como los bosquimanos, que también usan herramientas para excavar), de que los primeros homínidos y los primeros seres humanos habrían producido herramientas análogas a las utilizadas por los individuos del experimento para acceder a determinados tipos de alimento subterráneo (básicamente, raíces y tubérculos).

Otro experimento realizado con monos capuchinos por estos dos científicos tiene a las herramientas de bambú y a *Homo erectus* como protagonistas. Los arqueólogos Kathy Schick y Nicholas Toth propusieron en 1994 la posibilidad de que la ausencia de una industria lítica en Asia tan compleja como la que se ha encontrado en África y Europa pueda deberse a que durante la prehistoria se hubieran desarrollado herramientas con materiales perecederos, como el bambú, que abundan en la geografía asiática. Así, Westergaard y Suomi se propusieron comprobar la eficacia del bambú como materia prima con la que fabricar y utilizar herramientas. El diseño experimental era prácticamente igual que el de otras investigaciones, proporcionando a los sujetos tanto el bambú como contenedores en los cuales había que introducir tiras de bambú para conseguir sirope, o trozos más anchos y angulosos de este material para cortar una tapa de acetato que impedía el acceso a la recompensa (crema de cacahuete en este caso). De 18 individuos, 5 utilizaron efectivamente el bambú para recoger el sirope, mientras que 4 alteraron la forma de las tiras de bambú para que funcionaran mejor, quitándoles pequeñas ramitas sobrantes; además, 6 de los 18 utilizaron también el bambú para cortar la tapa de acetato, e, igualmente, 5 de ellos lo modificaron con boca y manos para conseguir un mejor rendimiento del útil. La conclusión de Westergaard y Suomi fue que el bambú es una materia prima apropiada para la fabricación de herramientas, y que la industria lítica poco modificada y retocada que aparece en Asia habría servido para manufacturar el bambú y convertirlo en una herramienta mucho más efectiva, como una lanza. Su deducción primordial parece seguir siendo válida: si los monos capuchinos pueden fabricar y utilizar herramientas de bambú, y estas funcionan de modo eficaz, no hay razón para pensar que *Homo erectus*, cuyas habilidades manuales y cognitivas fueron mucho mayores, y en cuyo medio ecológico abundaba esta materia prima, no desarrollara una gama de herramientas de bambú con la que desenvolverse en sus actividades tróficas y cinegéticas.

Sin querer minusvalorar las observaciones realizadas por Westergaard y sus colaboradores, parece necesario matizar sus conclusiones. En primer lugar, si bien es cierto que muchos individuos de los que se han estudiado muestran dichas habilidades, las cuales no dejan de sorprendernos, no es menos cierto que no lo hacen todos y cada uno de los que toman parte en el experimento; es más, incluso en la mayoría de las ocasiones es una selecta minoría la que lo consigue. Por ejemplo, más de la mitad de los monos capuchinos crearon lascas de piedra, pero solo 3 de 15 las utilizaron para cortar, habiendo cifras similares en los experimentos de la excavación (4 individuos de 10) y en el del bambú (5-6 de 18). Hay que señalar, también, que los individuos que más éxito obtuvieron en las pruebas fueron casi siempre los mismos (los listos de la clase podríamos decir), ya que para *todas* las pruebas se utilizó siempre a la misma colonia en cautividad.

No obstante, el hecho de que algunos de los individuos consigan ejecutar el comportamiento parece motivo suficiente para inferir que otras especies, más complejas evolutivamente (es decir, los primeros homínidos) también pudieran haberlo descubierto. Es importante señalar este aspecto, pues aún desde ciertos ámbitos científicos (Arqueología, Prehistoria, Paleontología…) se duda de que los primeros homínidos (ardipitecos, australopitecos o, incluso, los primeros *homo*) utilizaran y fabricaran herramientas. En este sentido, la Primatología aporta algo de claridad, aunque sea de manera inferencial y no directa, como hacen los yacimientos arqueológicos.

Otra de las críticas vertidas sobre los trabajos de Gregory Charles Westergaard y sus colaboradores, y sobre el estudio de la conducta instrumental en general, ha sido la de que muestra excesiva atención al comportamiento observable, dando a entender que este es el único requisito para demostrar las capacidades cognitivas de una determinada especie o género, el mono capuchino en este caso. Es decir, el individuo de la especie en cuestión puede haber aprendido simplemente a llevar a cabo la acción a base de ensayo y error, pero sin llegar a comprender su lógica interna.

Por ello, algunos investigadores han llevado a cabo experimentos en los que se pretende comprobar si realmente el sujeto en cuestión comprende las relaciones causales del problema al que se enfrenta. En este sentido, se entienden los clásicos trabajos de la primatóloga Elisabetta Visalberghi junto a distintos colaboradores: la prueba del tubo y sus respectivas variaciones. La prueba del tubo consiste, simplemente, en mostrar al sujeto un tubo transparente en cuyo interior se encuentra una recompensa (un cacahuete, por ejemplo), que solo puede ser conseguida si se introduce un palo o varita por un extremo del tubo y se saca la recompensa por el otro. En el primero de los experimentos, cuyos resultados se publicaron en 1989, se sometió a los capuchinos a cuatro condiciones experimentales distintas. En la primera debían de solucionar la forma más simple de esta prueba introduciendo un palo por un extremo del tubo para poder alcanzar el premio por el otro; en segundo lugar, el palo se encontraba dividido en tres partes que debían ser ensambladas para conseguir la misma meta que en la primera condición; en tercer orden, lo que se les ofrecía era un manojo de palos unidos por un trozo de cinta adhesiva, la cual debía ser quitada para poder usar uno de los instrumentos para sacar la recompensa del tubo; y, por último, se les facilitaba un palo con un apéndice colocado transversalmente en cada extremo del mismo, el cual debía ser retirado para poder introducirlo en el tubo y obtener la recompensa. Tres de los cuatro individuos que tomaron parte en el experimento lograron resolver las distintas condiciones, si bien algunos tuvieron más dificultades que otros. No obstante, cometieron muchos errores en las condiciones más difíciles de resolver (las tres últimas), como introducir solo una de las partes que tenían que ser ensambladas (lo que se quedaba muy corto) o intentar introducir el manojo entero o el palo con el apéndice por el tubo (lo que era inoperante). Además, la resolución se dio pasados algunos minutos y tras varios intentos fallidos. Esto hizo que, a pesar de que los resultados fueron positivos, se comenzara a dudar si realmente los monos capuchinos comprendían las propiedades físicas y lógicas del problema al que se enfrentaban.

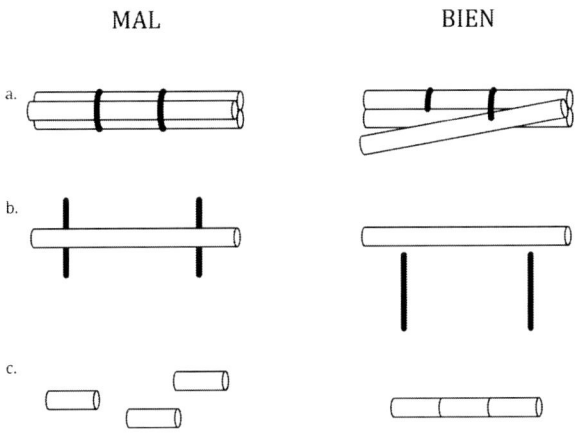

Fig. 9. Las distintas situaciones y soluciones de la prueba del tubo.

Por ello, se sometió a los mismos sujetos a una variación de la prueba del tubo en 1994. En esta ocasión Elisabetta Visalberghi y Luca Limongelli introdujeron una trampa en medio del tubo (un agujero) y al lado izquierdo de la recompensa. De esta manera, si el individuo introducía el palo por el extremo derecho del tubo esta caía en la trampa y no podía ser recuperada. De los cuatro sujetos solo uno consiguió superar la prueba, por lo que se le sometió a distintas condiciones extras para asegurarse de que no estaba utilizando una estrategia asociativa basada en la distancia más que en una deducción lógica. Lo que se hizo fue presentar al individuo el tubo con la trampa mirando hacia arriba, de manera que esta no tenía efecto alguno; presentarle el tubo con la trampa y un tubo sin trampa, que se cambiaban alternativamente; ofrecerle el tubo tapado, opaco, con la trampa (de modo que no pudiera ver nada); y presentarle el tubo opaco sin trampa. Si el sujeto comprendiera realmente la lógica del problema, debería de haber variado su técnica en cada condición, sin embargo siempre utilizaba la misma: introducir el palo por el extremo del tubo que más alejado estaba de la recompensa; esto es, el izquierdo; aunque no fuese necesario. Por ejemplo, en la condición en la que la trampa miraba hacia arriba, no era necesario introducir el palo por el extremo del tubo más alejado de la recompensa, bastaba con introducirlo por cualquiera de ellos; sin embargo utilizó la estrategia que le había dado buenos resultados. Lo mismo ocurrió en las otras condiciones adicionales. Esto llevó a los investigadores a concluir que «nuestro estudio remarca la diferencia entre tener éxito en usar una herramienta y la comprensión de las relaciones causa-efecto implicadas en su uso. Los capuchinos usan herramientas, pero no aprecian cómo funcionan las herramientas y por qué a veces no lo hacen».

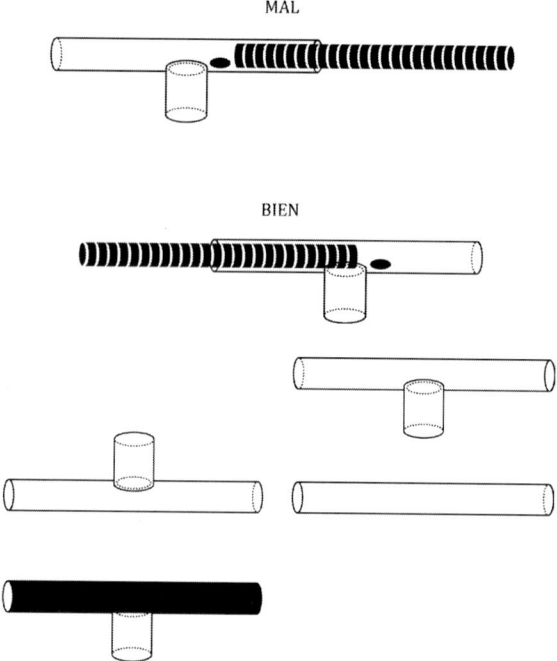

Fig. 10. El replanteamiento de la prueba del tubo.

Este tipo de investigaciones han sido las que han hecho que se mire a la investigación de la conducta instrumental con precaución, pues por muy llamativo que nos resulte visualmente un comportamiento que conlleva el uso de herramientas, no siempre tiene que ser signo de una inteligencia elevada. No obstante, tampoco lo opuesto —que la conducta instrumental no es un buen método empírico con el que estudiar la inteligencia— puede ser afirmado con rotundidad. Por ello, algunas últimas investigaciones sobre la conducta instrumental en capuchinos han querido destacar aspectos cognitivos.

Es este el sentido que tiene el trabajo que Theodore Evans y Gregory Charles Westergaard publicaron en 2006 sobre el *autocontrol*. En este experimento, varios individuos demostraron su capacidad de postergar una apetencia inmediata en detrimento de otra más deseada. Para ello, se les ponía en la jaula un contenedor con crema de cacahuete y se les daba una varita o un palo de apio o una galleta salada con forma alargada, las cuales podían ser consumidas al instante o utilizarse para extraer la crema de cacahuete del contenedor. Se daban además tres condiciones: en la primera (llamada *sin cebo*) el contenedor simplemente se ponía dentro de la jaula; en las otras dos (llamadas *con cebo*) una línea de crema de cacahuete llegaba hasta el contenedor, que podía encontrarse a una distancia corta o larga de los sujetos. En la condición sin cebo ninguno de los monos conservó el alimento que podía funcionar como herramienta, y optaron por comerse el apio o la galleta inmediatamente. Pero en las otras dos condiciones, donde se les dejaba entrever que podían optar por un premio más suculento, varios individuos conservaron la herramienta, demostrando que, aunque muy a corto plazo, el mono capuchino pueden realizar cierta previsión de futuro, lo que se considera un buen indicador de comportamiento inteligente.

El dilatado volumen existente en la literatura científica sobre la conducta instrumental en el mono capuchino requiere que se señalen varios aspectos a modo de recapitulación. En primer lugar, que la conducta instrumental de este género muestra evidencias de ser un patrón de comportamiento muy adaptativo, que le otorga cierta flexibilidad ecológica; o lo que es lo mismo: le permite acceder a recursos alimenticios o realizar acciones (intimidar o aniquilar a un predador, por ejemplo) que de otra forma no sería posible.

También, algunos de estos comportamientos se piensa que pueden ser culturales. No es para menos, pues la especie *Cebus apella* goza de cierto grado de aprendizaje social, ya que los individuos más jóvenes suelen observar a los más expertos y mayores mientras usan piedras para romper la cáscara de los frutos y acceder a la parte comestible. Sin embargo, como hemos visto anteriormente, es preciso conocer profundamente una conducta antes de proponer una naturaleza cultural.

No menos importante es que el ejemplo del mono capuchino ofrece muchas posibilidades heurísticas para aquellos interesados en el origen y desarrollo de la conducta instrumental de los primeros homínidos. Dorothy Fragaszy, Elisabetta Visalberghi y Linda Fedigan proponen varios factores que interactúan entre sí para producir la aparición de la conducta instrumental en los monos capuchinos:

> *(a) cuando las reducciones estacionales en la disponibilidad de ciertos frutos son particularmente duras; (b) cuando un alimento embebido (que es difícil de abrir) es abundante, y/o cuando la diversidad de alimentos es sistemáticamente baja y un alimento embebido es un producto principal en la dieta; (c) cuando pasan mucho tiempo en el suelo; (d) cuando los lugares con piedras y yunques (de piedra o madera) son relativamente abundantes; y (e) cuando el riesgo de depredación es aceptablemente bajo*

Muchos de estos factores son también válidos para el desarrollo de la conducta instrumental en los primates humanos (primeros homínidos y primeros seres humanos), tanto para el que envuelve procesamiento de carcasas animales (cortar carne de huesos) como para el relacionado con productos vegetales, pues el potencial explicativo del modelo capuchino nos lleva a inferir la posibilidad de que aquellos utilizaran y fabricaran herramientas con el fin de procesar frutos, raíces, tubérculos y otros tipos de alimentos no cárnicos, ya que algunas formas de *Australopithecus* incluían estos recursos alimenticios en su dieta.

El ejemplo del mono capuchino nos hace confiar en la necesidad científica de no dar nada por sentado, pues el exhaustivo estudio al que ha sido sometida esta especie en los últimos años repercute directamente en el estudio del origen del comportamiento humano. Dentro de la Etología ha provocado también gran impacto, ya que se pensaba que la diferencia entre el comportamiento de un mono y un gran simio, en cuanto a conducta instrumental se refiere, era abismal; y si bien los grandes simios seguimos demostrando ciertas capacidades únicas, hoy podemos decir que la distancia se ha acortado. El incremento de los estudios con especies de primates que no sean grandes simios, por tanto, no debe menguar, ya que podría reportar resultados similares a los del mono capuchino, traduciéndose ello en una extensión de la información que podríamos manejar para trazar una historia evolutiva de la conducta instrumental del ser humano y sus ancestros evolutivos. Así, crearíamos un conjunto intelectual y empírico que, junto a los datos que reportan los yacimientos arqueológicos, haría que nos acercáramos a un conocimiento objetivo más preciso.

8. LOS PRIMOS LEJANOS DEL VIEJO MUNDO: CERCOPITÉCIDOS

Los monos del Viejo Mundo (África y Eurasia) son también conocidos como cercopitécidos. Junto a los cébidos y los grandes simios forman el infraorden de los *catarrhini*, que hace referencia a la característica anatómica por la que poseen una nariz cuyos orificios nasales miran hacia abajo y que, además, están separados por un estrecho tabique nasal. Este rasgo es el que se utiliza comúnmente para distinguirlos de los *platyrrhini*, o monos del Nuevo Mundo. Tiene dos subfamilias básicas: cercopitecinos y colobinos.

La conducta instrumental ha sido observada en las dos subfamilias, si bien en la de los colobinos solo se cuenta con alguna descripción anecdótica. En cuanto a los contextos, el uso y fabricación de herramientas ha sido observado en los más habituales, siendo el trófico el que más se ha estudiado en trabajos de laboratorio o cautividad. Así, la mayoría de estos monos han sido observados utilizando piedras, ramas, arena u otros objetos con fines agonísticos y de aseo/bienestar, tanto en estado de libertad como de cautiverio. Sin embargo, en el contexto trófico los estudios en libertad contrastan, por su limitado número, con lo observado en cautividad. El problema es que, por ejemplo, los babuinos suelen ser estudiados principalmente por cuestiones socioecológicas (organización social, influencia del medio en las sociedades de babuinos, relaciones entre individuos...), quedando la conducta instrumental en segundo plano. No obstante, podemos decir que, al menos en macacos y babuinos, la conducta instrumental es recurrente.

Pero antes de profundizar en los casos de macacos y babuinos, vamos a repasar brevemente los casos más señalados de conducta instrumental en los otros monos del Viejo Mundo. Los colobinos, por ejemplo, han sido observados lanzando ramas y ramitas hacia los humanos, aunque fueron solo 4 observaciones en cerca de 2.000 horas y todas en individuos machos, lo que nos indica la escasa presencia de la conducta en esta familia. El mismo sentido —ya que se trata de la única referencia que existe— tiene el caso de un mandril (*Mandrillus sphinx*) que, en cautividad, utilizó tallos de plantas y palitos para hurgarse en una oreja que tenía infectada, aprendiendo pronto a seleccionar la longitud y grosor adecuados.

En la especie *Cercopithecus ascanius* existe también una única observación realizada, aunque en este caso fue en libertad, en el bosque de Kibale (Uganda), donde Eric Worch presenció en 2001 cómo una hembra adulta utilizaba una hoja sin modificar para deshacerse de una sustancia pegajosa que se le había adherido a los dedos después de haber estado comiendo una fruta. Al mono patas o mono húsar (*Erythrocebus patas*) se le ha visto lanzando piedras hacia observadores humanos en su hábitat natural de sabana, así como utilizando un palo para alcanzar pequeños trozos de comida que se encontraban fuera de su alcance; el mismo sentido trófico tienen las observaciones realizadas en ejemplares de mangabeys (*Cercocebus spp*), los cuales han sido observados utilizando palos para ensanchar la entrada de nidos de insectos.

Por último, la especie *Chlorocebus aethiops*, más conocida por el nombre de monos vervet o monos tota fue elegida para tomar parte en un experimento ideado con la intención de comprobar su capacidad para utilizar herramientas, principalmente por las nulas referencias que se tienen del uso de herramientas que hace. Y lo que se observó fue que, si bien conseguía escoger la herramienta apropiada para arrastrar hacia sí un premio en muchas ocasiones (más del 60%), en otras muchas escogía la incorrecta. Lo que sorprende verdaderamente es que no haga uso de esta aparente capacidad en libertad, algo que no podemos achacar a la falta de estudios observacionales, ya que se trata de una especie que ha sido observada sistemáticamente.

Aparte de estos casos, tan limitados en número, poco más se ha observado en los monos del Nuevo Mundo que no son macacos o babuinos acerca de la conducta instrumental.

Tantos comportamientos como macacos

Todo el género de los macacos, salvo una especie, habita en Asia. La única excepción es la del macaco de Berbería (*Macaca Sylvanus*), erróneamente denominado como macaco de Gibraltar[19], lo cual representa un gran interrogante en su evolución, pues se desconoce el origen de este sorprendente aislamiento geográfico y genético respecto al resto de especies de su género. Las demás especies de macaco se encuentran en Japón, China, Nepal, Vietnam, Taiwan, Borneo, Indochina, Indonesia, Filipinas, Tailandia, Malasia, India, Sri Lanka o Afganistán, constituyendo una de las especies de primates con mayor extensión geográfica.

El uso de palos, ramas o piedras en contextos agonísticos se ha observado en un gran número de especies de macaco, así como el empleo de otros instrumentos con finalidades de aseo o de bienestar. En el contexto agonístico, sorprende que una especie cuyos primeros estudios sistemáticos están siendo realizados desde hace pocos años, y cuyo comportamiento apenas se conoce, haya dado muestras de lo que podría ser un uso de herramientas muy particular, como ocurre con el macaco de Berbería y su denominado *amortiguador agonístico*. Tal comportamiento consiste en que un macho adulto toma a un individuo infantil y se lo entrega a otro macho de mayor rango social, con el que pretende iniciar una relación, con la finalidad de apaciguarle (o de hacerle la pelota, sí se quiere). Esta excentricidad conductual sería un ejemplo de lo

---

[19] La denominación correcta es la de macaco de Berbería, ya que el Atlas marroquí y argelino era su zona originaria. La presencia de esta especie en Gibraltar se debe a que fue introducida en una fecha sin determinar. No obstante, este hecho lo convierte en la única especie de primate que hoy en día se encuentra en estado salvaje en territorio (político) europeo.

que podríamos denominar como uso de un individuo de la misma especie como herramienta social.

En la especie *Macaca arctoides* se ha observado cómo la introducción de objetos en jaulas de individuos con antecedentes de autoagresiones y ataques a otros sujetos puede lograr efectos tranquilizadores y de calma en los mismos, ya que muchas veces optan por morder un palo o una pelota de tenis en vez de autolesionarse o agredir a otros de sus semejantes. Esta forma inusual de uso de herramientas, que entraría dentro del contexto del bienestar, resulta curiosa, ya que la herramienta en cuestión cumple una función parecida a la de muchos objetos que los humanos usamos para calmar el estrés, como las bolas de goma hechas para ser estrujadas con las manos. En el mismo contexto, solo que en libertad, una hembra de la especie *Macaca radiata* (el macaco de gorro) fue observada fabricando y utilizando herramientas en lo que parece ser un comportamiento que tenía la finalidad de calmar una irritación que sufría en la zona vaginal. La sujeta arrancaba hojas o ramas, de árboles o de ramas más grandes, y a su vez quitaba de estas otras hojitas y ramitas con el fin de acomodar el instrumento para su uso. No obstante, hay que señalar que fue el único miembro de su grupo que fue observada realizando este comportamiento en más de 600 horas de observación total, lo que ha llevado a la autora a plantear que tal vez pueda deberse a una mayor inteligencia respecto al resto del grupo.

El contexto trófico, como hemos señalado, ha sido el que más casos ha reportado en la conducta instrumental de los macacos, si bien casi todos tienen al laboratorio como lugar de estudio. Aunque existen algunas excepciones. Ya a finales del siglo xix Alfred Carpenter vio como un individuo de la especie *Macaca fascicularis* utilizaba una piedra para abrir la concha de una ostra y poder consumir el producto cárnico; además, parecía seleccionar la piedra más apropiada. En la misma especie, casi un siglo después se observó que utilizaba hojas de manera regular para frotar alimentos y de este modo deshacerse de las partículas de arena que se encontraban adheridas a ellos. Una conducta parecida se observó en un grupo de macacos de cola de león (*Macaca silenus*), que utilizaban también hojas para eliminar el molesto vello de cierta especie de oruga antes de consumirla.

En laboratorio, Gregory Charles Westergaard sometió a 9 individuos de *Macaca silenus* a sus pruebas del contenedor y el sirope, en las que se hacía necesario utilizar algún objeto como herramienta para acceder a la recompensa alimenticia. 4 de los 9 individuos consiguieron el objetivo marcado, para lo que no dudaron, asimismo, en modificar los objetos quitándoles apéndices u otro material sobrante. En un segundo experimento, Westergaard testó a 3 de los individuos que habían realizado con éxito la prueba anterior más otros 2 novicios, adquiriendo rápidamente estos últimos la habilidad para fabricar y utilizar las herramientas del modo correcto y más eficiente.

Benjamin Beck, quizá el mayor experto en conducta instrumental que existe, quiso probar las capacidades para la conducta instrumental de la especie *Macaca nemestrina*. Para ello, les sometió a una prueba en la que tenían que utilizar una vara para acercar un trozo de comida que estaba situado fuera de su jaula y que no podían alcanzar simplemente con las manos. Si bien es cierto que lo lograron a través de 119 intentos, los primeros de los cuales fueron infructuosos y largos (en los primeros 465 minutos del primer intento ninguno lo consiguió), una vez aprendido por ensayo y error lograron dominarlo, e, incluso, dieron muestras de hacer uso de un proceso de aprendizaje observacional, ya que los que no habían conseguido el objetivo prestaban total atención a cómo los que lo habían logrado ejecutaban el comportamiento. Todo esto hizo concluir a Beck que los macacos tenían grandes capacidades para aprender a utilizar herramientas mediante la observación.

Aparte de la famosa conducta (el lavado de batatas) con la que se iniciaron los estudios de la llamada Primatología Cultural, el macaco japonés (*Macaca fuscata*) ha sido observado también llevando a cabo conductas instrumentales. El lavado de batatas constituye ya, en sí mismo, un uso de herramientas, pues los macacos utilizan el agua como tal para quitar la arena del tubérculo. En cualquier caso, el primatólogo japonés Shoji Machida observó, dentro de un grupo de macacos japoneses en condiciones de cautividad, cómo una hembra juvenil comenzó espontáneamente a utilizar un poste como *escalera* mediante la cual poder alcanzar la parte alta del muro del recinto en el que vivía e inspeccionarlo. Cuatro años después, otras tres hembras juveniles habían adoptado el comportamiento, lo cual Machida interpretó como una posible transmisión cultural; sin embargo, es poco probable, pues el tiempo transcurrido entre la primera aparición del comportamiento y su utilización por otros individuos es muy prolongado.

En estado de libertad, un grupo de primatólogos japoneses realizaron, en 1993, un pequeño experimento con un grupo de *Macaca fuscata* para determinar si eran capaces de resolver la prueba del tubo, aunque las proporciones del mismo eran en este caso más grandes, pudiéndose hablar de desagüe más que de tubo. Los resultados, aunque algo insignificantes estadísticamente (solo algunos de más de un centenar consiguieron resolver el problema), llamaron la atención, ya que si bien seis individuos aprendieron a utilizar un palo para sacar una manzana del conducto, en un momento del experimento, una hembra llamada Tokei, inventó un nuevo modo. La innovación de Tokei consistió en lanzar una piedra por un extremo para expulsar la manzana por el otro, algo que fue adoptado por otros individuos tiempo después. No se arrojaba cualquier piedra dentro del conducto, sino que se hacía una selección de la misma, descartándose las que eran demasiado grandes o demasiado pequeñas. Pero Tokei no se conformó solo con esto y demostró a sus semejantes otra manera de conseguir la manzana utilizando otra herramienta: su cría de tres meses. Así, Tokei tomaba a su cría y la introducía en el conducto para que se hiciese con la manzana y la sacara fuera. Una de las conclusiones que sacaron los investigadores fue que, al menos, Tokei es capaz de identificar ciertas propiedades de la tubería y de otros objetos (o de su propia cría) y relacionarlos para poner solución al problema.

En los macacos rhesus (*Macaca mulatta*), famosos por haber sido utilizados ampliamente por la investigación científica[20], se ha observado, en condiciones experimentales de laboratorio, que son capaces de usar instrumentos como boles o muñecos con forma de cono a modo de vaso, los cuales introducen y llenan en una fuente para a continuación beber el agua contenida. También son capaces de reconocer las propiedades funcionales de un objeto para ser usado como herramienta (por ejemplo, forma y talla) y alcanzar una recompensa.

Otra especie de macaco, *Macaca tonkeana*, ha reportado más observaciones, aunque todas ellas en cautividad. En 1985, el psicólogo James Anderson publicó los resultados de un experimento que había diseñado. En el mismo, los individuos tenían que utilizar una varilla de metal para mojar miel de un plato que se encontraba fuera de su jaula y, por tanto, de su alcance, y poder consumirla. Los sujetos eran cuatro adultos y cinco subadultos, y solo dos de los subadultos consiguieron aprender a realizar correctamente la acción, más por ensayo y error que por un descubrimiento lógico. Lo importante de este estudio, aparte de comprobar la capacidad de *Macaca tonkeana* de adquirir nuevos patrones conductuales, fue que puso de relieve, otra vez, la importancia del factor de la edad en la aparición de nuevos tipos de comportamiento, ya que ninguno de los individuos adultos logró utilizar de manera efectiva las herramientas, y se limitaban a esperar que lo hicieran los inmaduros para entonces sisarles parte de la recompensa.

Yoshikazu Ueno y Kazuo Fujita, dos psicólogos japoneses, observaron algo muy parecido en un individuo que un particular poseía como mascota, al cual daban a elegir entre dos palos de

---

20 La NASA lanzó a algunos sujetos al espacio entre 1950-1960, y el factor Rh de la sangre se descubrió por primera vez en esta especie, del cual deriva su nombre. Otro tipo de experimentos a los que se les ha sometido son, si cabe, más crueles, como todos los relacionados con la vivisección. En la reciente película *Contagio* (2011) de Steven Soderbergh, cuando una pandemia desconocida azota a la humanidad y las empresas farmacéuticas se lanzan a la carrera por desarrollar una vacuna, el personaje interpretado por Jude Law (un periodista que lucha por desenmascarar a la industria del medicamento) comenta a su interlocutor: «Hoy es un mal día para ser un macaco rhesus». Sin duda, el macaco rhesus es una de las especies que más ha sufrido la despreocupación humana por el bienestar de los otros animales.

distinta longitud para alcanzar un alimento que ponían fuera de su alcance. Los resultados fueron muy significativos, ya que en 9 de los 10 casos en los que se ponía la comida fuera de su alcance, el individuo usó el palo de mayor longitud. Además, para controlar el experimento muchas veces la comida se le ponía cerca (siendo entonces innecesario utilizar el palo largo), y el individuo usaba el palo corto, por lo que parece evidente que es capaz de ajustar de manera apropiada su comportamiento a la situación requerida, mostrando flexibilidad en la conducta instrumental. Sin embargo, un experimento posterior concluyó que varios individuos de *Macaca tonkeana* fueron incapaces de aprender de un demostrador humano cómo cambiar la posición de un poste (bien se encontraba en el suelo o bien se encontraba apoyado en una pared contigua) y apoyarlo sobre una pared, que en su parte más alta contenía una recompensa alimenticia, para obtener la misma. Incluso dieron muestras de no comprender que el poste podía ser utilizado para alcanzar el premio. Obviamente, esto contrasta con los resultados anteriores, y lo único que parece poder poner arreglo a esta disparidad en los resultados es la realización de más investigaciones, tanto en libertad como en cautividad.

Al estilo babuino

Los papiones o babuinos son el género de primates africanos más grandes de todos los cercopitecinos, además de que su hábitat es fundamentalmente terrestre, y, en muchos casos, de sabana. Es sobre todo por esto último por lo que durante los años setenta y ochenta del siglo xx fueron utilizados como modelo social y ecológico para reconstruir la conducta de los primeros homínidos, aunque luego se ha comprobado que no constituían un buen ejemplo para tal propósito. El género lo constituyen cinco especies distintas, y hasta hace relativamente poco tiempo tanto el dril como el mandril y la especie *Theropithecus gelada* se incluían dentro del género *Papio*. Uno de los campos en los que más ha hecho hincapié la investigación científica ha sido en sus relaciones sociales, desde donde se han formulado hipótesis concernientes a los conceptos de agresión y coalición, por ejemplo. Su estudio como poseedores de una conducta instrumental ha reportado también varias investigaciones, coincidiendo casuísticamente con el ejemplo de los macacos en el hecho de que, sobre todo, ha sido en el laboratorio donde más se ha profundizado en este aspecto.

Al igual que con los macacos, también los babuinos han ofrecido una amplia representación de uso y fabricación de herramientas en los contextos agonístico y de aseo/bienestar, aunque no todas las especies, y se les ha visto utilizar objetos como ramas, ramitas o piedras con finalidades que van desde la intimidación a la defensa o la eliminación de sustancias molestas o restos de comida de la cara u otras partes de su cuerpo.

En este sentido, el grupo de investigación del biólogo William Hamilton III observó, en 1974, en poblaciones del suroeste de África de *Papio ursinus* (hoy *Papio hamadryas ursinus*) algo que ya había señalado George Romanes mucho tiempo atrás —y que otros investigadores posteriores confirmaron para otras especies de babuino— como es el extendido uso que las poblaciones en libertad de esta especie hacen de piedras, ramas y otros objetos con finalidades defensivas, dentro de un evento de interacción entre depredador y presa; en concreto, las piedras son rodadas desde distintas posiciones en altura con el fin de ahuyentar a los posibles depredadores, como leopardos o hienas. Por su parte, Jane Goodall y otros dos investigadores fueron testigos, en 1973, de dos casos de uso de herramientas en contextos de aseo/bienestar en los que dos individuos de la especie *Papio anubis* (hoy *Papio hamadryas anubis*) que habitan el Parque Nacional de Gombe (Tanzania), utilizaron, respectivamente, una piedra para limpiarse restos secos de zumo de la boca y granos secos de maíz para deshacerse de la coagulación de la sangre de una herida que uno de ellos había sufrido en una pelea.

Ya en el contexto trófico, casi todas las observaciones se han realizado en cautividad, exceptuando las que llevo a cabo Ordean Oyen a finales de los años setenta del siglo xx, en el Parque

Nacional de Nairobi (Kenya), sobre un macho de la especie *Papio cynocephalus anubis* (hoy *Papio hamadryas cynecephalus*), el cual utilizó una ramita para localizar y extraer pequeños fragmentos de piedra que después eran consumidos, sin especificarse el motivo de tal anomalía nutricional. En la misma especie, pero en el laboratorio, Gregory Charles Westergaard comprobó cómo individuos de entre 6 y 8 meses demostraron tener capacidades para extraer un líquido dulce de un contenedor empleando toallas de papel y ramitas como herramientas.

En otro de sus ingeniosos experimentos, Benjamin Beck comprobó, en 1971, cómo un individuo de la especie *Papio hamadryas* (hoy *Papio hamadryas hamadryas*) fue capaz de utilizar una cadena para acercar una cacerola que contenía una recompensa alimenticia para él y el resto de sus compañeros de jaula. Más original, sin duda, fue el experimento con el que Beck investigó, en la misma especie, el uso cooperativo de herramientas; es decir, la colaboración entre varios individuos para resolver un problema que requiere el uso y/o la fabricación de herramientas. Para ello, creó un diseño experimental por el cual un sujeto que se encontraba en una jaula tenía que acercar un recipiente con comida hasta la misma con la ayuda de una herramienta (una vara), ya que se encontraba fuera de alcance. El problema era que la herramienta se encontraba en un habitáculo adyacente, al cual no podía acceder. La correcta resolución del problema precisaba que la herramienta fuese traslada por otro individuo de la jaula de al lado hasta una posición que permitiera al sujeto de la primera jaula cogerla y traspasarla a su habitáculo, utilizándola entonces para acercar el recipiente con comida y poder consumirla. El experimento tuvo éxito, y demostró que los babuinos tenían la capacidad de utilizar herramientas de un modo cooperativo y sin entrenamiento previo, lo cual hasta entonces solo había sido observado en chimpancés (y humanos, obviamente). Esto hizo comprender que muchas de las conductas que se observan en los grandes simios, pueden existir también en otras especies de primates, estrechándose en algunos aspectos lo que antes era una amplia barrera conductual entre los grandes simios y el resto de especies antropoides.

Los trabajos existentes sobre conducta instrumental en los monos del Viejo Mundo, especialmente en los macacos y los babuinos, ponen de relieve que nunca debemos hacer apología de ideas preconcebidas y supuestos, ya que estos se vienen abajo cuando se procede a comprobar las aparentes limitaciones de algunas especies de primates en un determinado tipo de conducta, instrumental en nuestro caso. Por otro lado, parece cada vez más claro, que el uso y fabricación de herramientas no es tan extraña dentro del orden de los primates. Esto, obviamente, clarifica, aún más, el origen de la conducta instrumental en los primates humanos.

9. LA GRAN FAMILIA: HOMINOIDEOS

La familia de los hominoideos está formada por la especie humana, sus antepasados, el gibón, el siamang, el orangután, el gorila, el bonobo y el chimpancé. Todos compartimos un antepasado común que vivió hace unos veinte millones de años. Más tarde, se fueron formando las distintas ramas de la familia: entre quince y diez millones de años atrás, la línea de los gibones y la de los orangutanes se separó, tomando su propio camino, el de Asia; los gorilas lo hicieron hace entre siete y ocho millones de años; mientras que el chimpancé y el bonobo se separaron del tronco común hace seis millones de años, haciéndolo primero los bonobos y más tarde los chimpancés. Las diferencias que existen entre este tipo de primates y el resto son varias y muy cualitativas. A diferencia de los monos, nosotros no tenemos cola y nuestro tamaño corporal es bastante más grande, aparte de que poseemos un pecho más amplio. Pero la mayor diferencia que se da entre nuestro grupo y el de otros antropoides es que tenemos un cerebro muy grande en relación al tamaño de nuestro cuerpo, lo que implica una complejidad neurológica que requiere que haya un largo período de gestación, así como un tedioso proceso de maduración.

La mayor separación dentro de la familia se da entre los simios menores (gibones y siamang) y los grandes simios (orangután, gorila, chimpancé, bonobo y los homínidos). Tradicionalmente, se había separado al ser humano y los homínidos extintos del resto de especies de grandes simios. No obstante, la ciencia y la ética humanas[21] han provocado, en los últimos años, que algunos

---

21 La investigación científica ha revelado que la similitud genética entre nosotros y el resto de los grandes simios es muy alta, sobre todo la de gorilas y chimpancés, por lo que algunos científicos piensan que es pertinente incluirlos dentro de la misma familia (homínidos). Sin embargo, un hecho muy determinante para que se produjera no es para nada científico,

científicos hayan propuesto nuevas clasificaciones, donde el resto de los grandes simios son considerados como parte integrante de los homínidos, formando el ser humano y sus antepasados evolutivos más directos (desde *Sahelanthropus tchadensis* a *Homo sapiens neandertalensis* pasando por *Orrorin tugenensis*, *Ardipithecus ramidus* y los australopitecinos) la tribu de los homininos, cuya distinción principal del resto de homínidos sería su locomoción bípeda: el caminar erguidos sobre dos piernas la mayor parte del tiempo. Esta nomenclatura reciente aún no se ha asentado dentro del estudio de la evolución humana ni es aceptada por todos los taxónomos, y es por ello que no la hemos utilizado, aunque personalmente me resulte una forma de organizar nuestra familia animal muy precisa y cómoda.

A priori, podría pensarse que todos los hominoideos han demostrado, sin demasiados problemas, su habilidad en el uso y fabricación de herramientas, tanto en libertad como en laboratorio y en todos los contextos posibles; sin embargo, no es la realidad. Es cierto que todos han sido observados llevando a cabo algún tipo de conducta instrumental, pero solo el orangután y, sobre todo, el chimpancé, hacen de ella un patrón de comportamiento sin el que su existencia biológica es difícilmente entendible. El gibón apenas ha reportado uso de herramientas más allá de observaciones muy irregulares y primarias (por ejemplo, agonísticas), y el gorila, si bien ha demostrado tener la capacidad suficiente para llevar a cabo conductas instrumentales más o menos complejas en el laboratorio, solo ha sido observado un par de veces utilizando objetos como herramientas en estado salvaje. Con lo visto hasta ahora, podemos decir, realmente, que el mono capuchino es más hábil en la conducta instrumental que el gibón o el gorila, a pesar de que no forma parte de nuestra *familia*. Todo esto nos informa acerca de lo especial

---

aunque sí necesario, y surge del sentimiento de solidaridad hacia las poblaciones en libertad de orangutanes, gorilas, chimpancés y bonobos, que, siendo nuestros parientes biológicos vivos más cercanos, viven amenazados por nuestra propia actividad, tanto por la destrucción de su hábitat (el caso del orangután es el más extremo) como por el mercado ilegal y la caza furtiva. De esta solidaridad surgió el *Proyecto Gran Simio*, por el cual se pretende «legalizar» la situación existencial de los grandes simios para evitar la destrucción de sus hábitats, así como su tortura o su caza, atribuyéndoles ciertos derechos jurídicos.

de la conducta instrumental, un patrón de comportamiento que cuando se convierte en parte indispensable del repertorio habitual de una especie determinada es porque han entrado en juego ciertas características, factores y variables, tanto ecológicas y biológicas como anatómicas, algunas de las cuales hemos tenido ocasión de repasar. No obstante, como veremos seguidamente, el hecho de que algunas especies de hominoideos no posean un avituallamiento de comportamientos instrumentales, no quiere decir que no tengan la capacidad para ello.

El enigma hilobátido

Los simios menores (o hilobátidos), grupo formado por los gibones y el syamang, consta de 4 subgéneros y unas 11 especies, las cuales se encuentran todas en la zona del sureste de Asia. La literatura clásica china ya los referencia hace unos mil años y una de sus características más definitorias es su modo de locomoción, conocido como braquiación, por el cual se desplazan de rama en rama, con ayuda de sus brazos, realizando movimientos pendulares. La mayoría de especies se encuentran seriamente amenazadas por la actividad humana, sin que esto haya producido un movimiento a favor de su conservación tan grande como el que se ha propuesto para los grandes simios, lo cual es deplorable, ya que se trata, igualmente, de unos de nuestros parientes más cercanos.

Respecto a su conducta instrumental, esta es realmente pobre en cuanto a referencias o investigaciones, tanto en libertad como en cautividad. Las capacidades, habilidades o comportamientos que ha mostrado al respecto se encuentran por debajo, en número y calidad, de las de algunos monos como el macaco y el babuino.

En libertad, el gibón ha sido observado, como muchas especies de primates, utilizando ramas u otros objetos en contextos agonísticos, dejándolas caer desde lo alto de los árboles tanto contra su especie como contra otras, como la humana. En libertad, también, en un contexto trófico, no se ha observado nada, pero en cautividad hay noticias de dos casos en los que distintos gibones utilizaron, respectivamente, un palo para alcanzar alimentos que se encontraban fuera de su alcance, o un trozo de ropa para consumir agua después de haberlo empapado en ella.

También en cautividad, aunque no en laboratorio sino en una institución zoológica, el antropólogo Thomas Geissmann observó recientemente un uso de herramientas en un contexto agonístico por parte de la especie *Hylobates lar*. Las hembras de esta especie suelen llevar a cabo un comportamiento agonístico por el cual producen las denominadas *grandes llamadas*, que son vocalizaciones que producen en respuesta a los sonidos que lanzan los machos. Geissmann observó cómo una hembra de esta especie se ayudaba de una puerta corrediza regularmente para incrementar la intensidad acústica del clímax de su vocalización; la hembra, lanzaba sus gritos a la vez que movía y hacía chocar la puerta. La conducta era funcional, pues se comprobó, analizando las ondas de sonido producidas por la puerta, que el sonido de esta aumentaba la potencia sonora de la llamada.

En condiciones experimentales de laboratorio, por otro lado, la psicóloga Clare Cunningham y dos colaboradores demostraron, en un artículo publicado en 2006, que la especie de gibón *Bunopithecus hoolock* es capaz de ayudarse de un rastrillo para acercar una comida que se encuentra fuera de su alcance, y que lo hace, además, espontáneamente, sin haber sido sometido a ningún control o familiarización anterior, lo que parece demostrar que tiene potencial cognitivo suficiente para llevar a cabo algún tipo de conducta instrumental.

Y hasta aquí llega toda la información científica existente sobre la conducta instrumental en gibones, algo que no deja de sorprender, ya que se trata de un hominoideo. Sin embargo, los gibones sí parecen tener la inteligencia necesaria para usar herramientas y también se han mostrado diestros en la manipulación de objetos, por lo que en cautividad se debería de profundizar en su estudio, algo que, realmente, no se ha hecho, tal vez porque no se han encontrado evidencias de que utilice o fabrique herramientas en libertad. La ausencia de observaciones de conducta instrumental llevadas a cabo en libertad puede deberse, al igual que sucedió con el mono capuchino en un principio, a que esta especie es esencialmente de hábitos arborícolas, donde no llegan los ojos ni las cámaras de la ciencia de manera eficiente. No obstante, sería idóneo incrementar el número de observaciones en libertad, pues los hilobátidos podrían darnos alguna sorpresa inesperada en este aspecto.

Todos somos un gran simio

El grupo de los grandes simios lo componemos el orangután, el gorila, el bonobo, el chimpancé y el ser humano (y el resto de homínidos extintos). En todos, se ha observado la conducta instrumental, tanto en libertad como en cautividad, si bien en el gorila y el bonobo en un grado mucho menor que en el orangután y el chimpancé, cuyo catálogo de comportamientos instrumentales es abundantemente amplio y regular. No obstante, algunos experimentos muy famosos sobre la conducta instrumental de los grandes simios se han llevado a cabo en bonobos, como en los que a dos individuos de esta especie se les enseñó a fabricar herramientas de piedra.

El orangután lo hace en cualquier lugar

Los orangutanes (género *Pongo*) son un género de primates asiáticos (donde viven desde hace dos millones de años) de gran envergadura; algunos ejemplares pueden llegar a pesar 300 kg, y, después del gorila, es el primate de mayor tamaño. De todos los grandes simios es el que lleva un modo de vida más arborícola, y, dentro de su sistema de relaciones sociales, se ha destacado tradicionalmente su carácter antisocial, ya que los machos se desplazan solitariamente y solo interactúan con hembras que se encuentran en período de estro, es decir, en celo. Las hembras, por su parte, se desplazan con sus crías hasta que estas pueden moverse por su cuenta, aunque se pueden dar asociaciones ocasionales entre individuos jóvenes o dos hembras. El género cuenta con dos especies tradicionales: el orangután de Borneo (*Pongo pygmaeus*) y el orangután de Sumatra (*Pongo abelii*); a ellos habría que sumar una subespecie de *Pongo pygmaeus* descubierta hace poco tiempo: el llamado orangután negro (*Pongo pygmaeus morio*).

Su conducta instrumental se vio eclipsada durante mucho tiempo por la del chimpancé, al cual se veía como el único primate que usaba herramientas de manera regular en su día a día. El orangután había sido observado pocas veces utilizando y fabricando herramientas en libertad, lo cual contrastaba fuertemente con la gran capacidad que demostraba al respecto en cautividad, que podía superar, incluso, a la del chimpancé. Esto hizo a algunos autores sugerir ciertas posibles explicaciones a este hecho. Por ejemplo: que su escasa socialidad y su estilo de vida arborícola podían explicar la falta de conducta instrumental; o que, debido a su gran corpulencia, no necesitaba utilizar y fabricar herramientas, ya que podía conseguir lo mismo utilizando manos y dientes; o, también, que si bien poseen las capacidades cognitivas necesarias, no lo hacen porque, simplemente, no necesitan la conducta instrumental en su hábitat actual. No obstante, durante los años noventa del siglo xx y los primeros años del nuevo milenio, una serie de observaciones y estudios llevados a cabo en libertad, y dirigidas por el primatólogo holandés Carel van Schaik, revelaron que los orangutanes poseen una cultura material tan rica como la del chimpancé, siendo muchos de los comportamientos, además, de carácter cultural. De este modo, el orangután pasó a formar parte del selecto grupo de los primates que usan herramientas de manera habitual y rutinaria, confirmando los estudios en libertad, paradójicamente (ya que siempre suele ser al revés), lo que había sido observado en cautividad.

Como se habrá podido intuir, los orangutanes hacen buen uso de las herramientas en estado de libertad dentro del contexto agonístico, lanzando los habituales objetos, como ramas, hacia observadores humanos, sus semejantes u otros animales. En la especie *Pongo pygmaeus* se ha observado un tipo especial de uso de herramientas dentro del contexto agonístico, como es el uso de hojas para modificar los sonidos que realiza con la boca cuando se encuentra a humanos por primera vez o a algún animal al que considera una amenaza. Este tipo de sonido chirriante lo realizan colocando unas hojas en sus labios, que actúan a modo de silbato o potenciador del sonido, y expulsando el aire que previamente han inhalado; el comportamiento se considera un alarde agresivo. El biólogo Helga Peters lo observó en un parque nacional de Indonesia localizado en Borneo. Allí, 13 de los 15 individuos con los que se había encontrado modificaban el sonido producido con los labios acercándose un puñado de hojas que ellos mismos arrancaban, y que reemplazaban en cada ocasión en la que iban a producir el sonido. Analizando el sonido con y sin las hojas (aunque reproducido por un humano), se pudo demostrar que estas cuadruplicaban la intensidad del mismo. El estudio se entendía como un uso más que los orangutanes daban a las hojas, las cuales suelen usar con finalidades de aseo (eliminar restos de heces o de comida).

En el mismo contexto de aseo/bienestar, la primatóloga alemana Birute Galdikas[22] observó en 1980, en la reserva Tanjung Puting de Borneo, cómo un individuo adulto macho arrancaba un trozo de rama de una más grande y la utilizaba para rascarse la zona perianal. Para que se hagan una idea de lo poco conocida que era la conducta instrumental del orangután en libertad, la misma investigadora (posiblemente la mayor experta en orangutanes que existe) señaló que era de las pocas observaciones que había presenciado en los orangutanes en 9 años de estudio y más de 15.000 horas de observación.

No obstante, algún tiempo después, Birute Galdikas recogería en un artículo todos los comportamientos que había presenciado en individuos que, tras criarse en cautividad, eran reintroducidos a la vida en libertad. Así, varios individuos fueron observados utilizando palos en diferentes actividades: para alcanzar ramas lejanas; para sacar objetos del fuego; para explorar agujeros que se encuentran

---

[22] Birute Galdikas es al orangután lo que Jane Goodall es al chimpancé.

en paredes, árboles o en el suelo; para utilizarlos como escaleras y acceder a ventanas altas; para remover líquidos; como cubiertos, pinchando la comida con ellos; para eliminar insectos molestos de su pelaje; o para usarlos, infructuosamente, como llaves. También, los palos eran usados en muchas ocasiones para empujar canoas, o como remos para desplazarse con ellas. Quizás, sea este uno de los comportamientos más llamativos que llevaron a cabo estos orangutanes rehabilitados, ya que no se ha observado en ningún otro primate no humano. No solo se suben un momento a la canoa o la balsa, reman una vez y se bajan, sino que utilizan estos medios de transporte humanos como forma de disfrutar de lo que Galdikas denomina como *excursiones placenteras* a través del río. La autora relata cómo este comportamiento alcanzó su momento más álgido cuando trasladaron a los orangutanes rehabilitados a una estación que se encontraba en el campamento base de la reserva para alimentarles, lo que requirió que cruzaran el río. Una vez en la estación de alimentación, todos los orangutanes intentaban volver a su campo cruzando el río, cosa que no conseguían. Sin embargo, algunos de ellos lograron deshacer los complejos nudos de las cuerdas con las que se habían amarrado las canoas, tras lo cual empujaban las mismas hacia el río, se subían en ellas y comenzaban a utilizar los palos como remos, ya que los remos auténticos de las canoas eran desechados. El mismo tipo de comportamiento se ha observado con balsas. Es más que obvio que este tipo de comportamientos indican una inteligencia muy desarrollada, que parece superar, muchas veces, a la de los chimpancés. En cualquier caso, la inteligencia del orangután para utilizar y fabricar herramientas no puede crear ningún tipo de duda; es más, incluso parece que tienen una gran capacidad para la imitación, uno de los requisitos del aprendizaje cultural.

El etólogo alemán Jürgen Lethmate, por su parte, publicó en 1982 un artículo en el que recopilaba toda la información disponible en el momento respecto a las habilidades del orangután en la conducta instrumental, basándose, principalmente, en las investigaciones llevadas a cabo en cautividad. Una de las conclusiones a las que llegó fue que el orangután es capaz de superar cualquiera de las pruebas que requieren el uso o fabricación de instrumentos en las que los chimpancés han tenido éxito. De este modo, los orangutanes pueden ensamblar tres partes distintas de una pieza para formar una sola y poder acceder a un alimento; poner cajas unas encima de otras para que esto les permita alcanzar una recompensa; o, incluso, de arreglar un palo que se estaba usando como herramienta, colocando entre medias de la fractura una bobina de lana de madera que actuaba como *pegamento*. Además, se ha comprobado que utilizan los cuatro modos de fabricación de herramientas descritos por Benjamin Beck.

Uno de los experimentos de los que habla Lethmate que resultan más reveladores en cuanto a la inteligencia de los orangutanes se refiere es uno que llevó a cabo él mismo. Al individuo en cuestión se le presentaron cuatro cajas: una estaba vacía; otra contenía un premio; y las otras dos guardaban una herramienta, de las cuales solo una de ellas servía para abrir la caja que contenía el premio (una botella con zumo). Un problema añadido era que las cajas solo podían abrirse con otras herramientas, que funcionaban también como llaves y que se encontraban en otra caja sin *cerraduras* para ser tomadas; aunque si se cogía una de las dos herramientas en esta caja de la elección, automáticamente saltaba una trampilla que impedía el acceso a la otra. Por lo tanto, el orangután debía observar atentamente cada situación, porque además, el orden de las cajas se alteraba. La solución correcta exigía que el individuo cogiera la llave correcta en la caja de la elección (ya que una de las dos llaves permite abrir una caja que da acceso a una herramienta inútil), la cual le permitiría abrir la caja que contenía la llave correcta, abrir la última caja y acceder, de este modo, al premio. De 400 ensayos que se hicieron, el orangután que tomó parte en el experimento, Buschi, resolvió correctamente 312, lo cual representa casi un 80% de acierto. Este experimento, unido a las observaciones de las capacidades de los orangutanes para desatar nudos y montar en canoa o balsa, no deja dudas sobre la asombrosa habilidad de los orangutanes en cuanto a conducta instrumental se refiere.

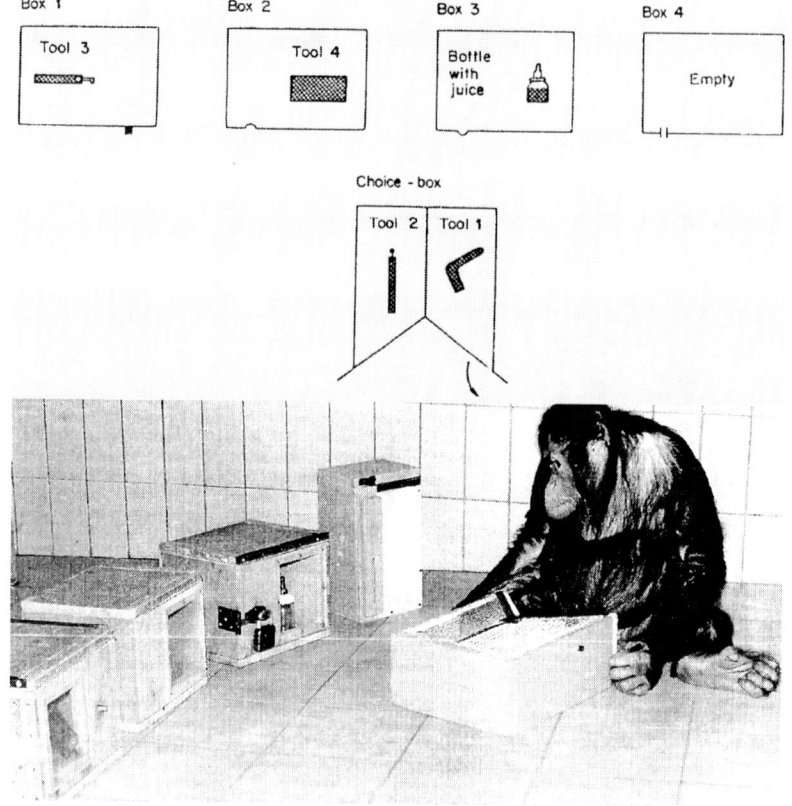

Fig. 11. Imagen de Buschi antes de acometer la resolución de la prueba y esquema de la misma.

No obstante, estas grandes dotes para el uso y fabricación de herramientas ya habían sido demostradas por otros orangutanes cautivos. Bastante antes de que el bonobo Kanzi aprendiera a producir lascas de piedra con las que poder acceder a un premio, un orangután joven llamado Abang ya lo había hecho en 1971 en un experimento diseñado por el arqueólogo británico asentado en Australia (donde actualmente es profesor emérito de Antropología en la Universidad de Sidney), Richard Wright. Al sujeto se le presentó una caja de aluminio en cuyo interior se hallaba una recompensa alimenticia que podía ser vista a través de la malla metálica de uno de los lados de la caja. La caja, además, tenía una ranura por la cual se podía meter la mano, pero no podía accederse a la comida, la cual solo podía ser conseguida levantando la tapa de arriba. El problema era que la tapa estaba fuertemente sujeta con una cuerda de nylon interior que se enganchaba al suelo. Así, el único modo de conseguir la comida era introduciendo la mano por la ranura y cortando la cuerda con una herramienta, lo que permitiría levantar la tapa. Al orangután, se le demostró el uso que podía hacerse de una lasca de piedra para cortar la cuerda y, también, como podía producir sus propias lascas utilizando un percutor de cuarcita sobre un núcleo de sílex. Tras muchos y repetidos intentos, el orangután consiguió producir sus propias lascas de piedra en más de una ocasión. Sin embargo, solo consiguió producir lascas de piedra y conseguir el premio en 1 ocasión de 19 posibles, a pesar de que, con frecuencia, se le demostraba la manera correcta de hacerlo. Pese a estos resultados poco halagüeños, el experimento demostró que, bajo determinadas circunstancias, los orangutanes pueden aprender a fabricar industria lítica y utilizarla para una finalidad deseada, lo cual es una buena muestra del potencial conductual de una especie. El propio Wright reconoció que de su experimento no pretendía que se dedujera que los australopitecos, por ejemplo, pudieran haber fabricado herramientas de piedra, ni tampoco que fuera una muestra de perspicacia o de descubrimiento súbito por parte del orangután, sino que simplemente había querido demostrar que eran capaces de aprender un comportamiento a través del aprendizaje imitativo, aunque fuera a duras penas.

En otro experimento más reciente, cuyos resultados se publicaron en 2007, se comprobó que los orangutanes son capaces de utilizar el agua como herramienta. La prueba consistía en exponerles ante un tubo largo, estrecho y sujeto que contenía un cacahuete en su interior. La única forma de conseguir el fruto era recoger agua de un grifo con la boca e ir rellenando el tubo poco a poco para que el nivel del agua fuera subiendo y, con ello, el cacahuete, que finalmente podía ser consumido. Todos los individuos que tomaron parte en el experimento lograron hacerlo, y una de las conclusiones principales fue que los orangutanes (y probablemente otros grandes simios como los chimpancés) sean capaces de reconocer el posible uso como herramienta no solo en objetos sólidos, sino también en líquidos, lo cual amplia el catálogo de *materias primas* que pueden utilizar los primates en su conducta instrumental y nos informa sobre su flexibilidad a la hora de percibir las propiedades físicas de las cosas.

Bien. El orangután es muy capaz de utilizar y fabricar herramientas, pero, entonces, ¿por qué no lo hace en libertad? Esa fue una pregunta que habitó durante mucho tiempo en la mente de primatólogos y antropólogos, y que obtuvo su primera respuesta en 1996. Así, todas las afirmaciones de que las poblaciones salvajes de orangutanes no utilizaban herramientas más allá del contexto agonístico se vinieron abajo con las observaciones que el primatólogo holandés Carel van Schaik y sus colaboradores llevaron a cabo sucesivamente en poblaciones en libertad de orangután.

En Suaq Balimbing (Indonesia), este perseverante científico y su equipo observaron de manera regular (vivieron cerca de ellos con observaciones diarias durante dos años) que el orangután de Sumatra (*Pongo abelli*) utilizaba herramientas en contextos tróficos, conductas que eran llevadas a cabo en los árboles y no en el suelo. En primer lugar, los orangutanes arrancan ramas de los árboles, las cuales son manufacturadas extrayéndose las hojas, las ramitas y la corteza con las manos y los dientes para producir un instrumento de mayor eficacia. Estas herramientas fabricadas son utilizadas para extraer termitas, hormigas, abejas o miel de los agujeros de los árboles. También, los instrumentos manufacturados son utilizados para extraer las semillas comestibles de la fruta *Neesia* spp, las cuales se encuentran embebidas y rodeadas de un molesto vello natural. Para ello, sujetan la herramienta con la boca mientras que con las manos manipulan el fruto. Este comportamiento es, además, natural, ya que se trata de una población de orangutanes aislada, que no ha tenido contacto con sujetos rehabilitados, y tampoco parece probable que lo hayan imitado de poblaciones humanas, principalmente por el citado aislamiento de la población.

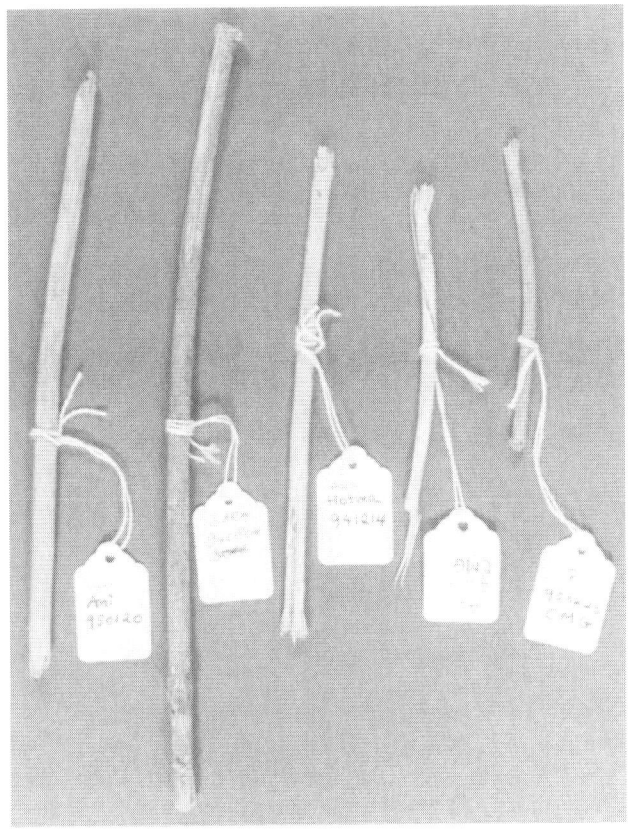

Fig. 12. Las herramientas fabricadas y utilizadas por los orangutanes de Suaq Balimbing.

Hay también variaciones entre las herramientas utilizadas para extraer insectos o miel de los agujeros de los árboles y las utilizadas para extraer las semillas, siendo de mayor longitud y anchura las que se usan para comer insectos. Del mismo modo, a las ramas utilizadas para la extracción de semillas siempre se les despoja de la corteza, mientras que a las que se usan para conseguir los insectos no. Además, experimentaciones posteriores llevadas a cabo en cautividad, en el zoológico de San Diego, confirmaron las observaciones que se habían realizado en estado salvaje, ya que los individuos del experimento utilizaron las herramientas de una forma similar.

Tiempo después, Van Schaik y su equipo observaron que en el uso de herramientas de los agujeros de los árboles existían diferencias entre unos sujetos y otros (algunos individuos eran más diestros que otros), por lo que se buscaron correlaciones que pudieran confirmar alguna de las hipótesis planteadas. Tales hipótesis eran: 1) que la variación se debía a aspectos de dominancia social (por ejemplo, que los machos dominantes son los que más utilizan las herramientas); 2) que la variación se debía a diferencias de hábitat; y 3) que la variación se debía a las distintas oportunidades que los sujetos tenían de aprender durante su desarrollo, desde la infancia hasta la madurez. Los investigadores no encontraron evidencias que confirmaran las dos primeras hipótesis, sin embargo, hallaron una fuerte correlación entre los individuos que más usaban las herramientas y el promedio de hembras del grupo. En otras palabras, en los grupos en donde más hembras había se daban más oportunidades de aprender socialmente este comportamiento, ya que son las hembras quienes pasan todo el tiempo con las crías hasta que estas llegan a la edad adulta y llevan a cabo, regularmente, el comportamiento: más hembras, más aprendizaje.

Estos nuevos descubrimientos fueron importantes porque confirmaron la sospecha que se tenía de que los orangutanes *libres* probablemente sí que utilizaban herramientas para acceder a recursos alimenticios que se encontrasen en los árboles y no en el suelo. De este modo, al focalizarse las observaciones en los árboles pudo corregirse este error en la recogida de datos. Pero, además, esta confirmación guardaba implicaciones evolutivas muy destacables. Así, dado que este comportamiento se observa en el orangután y el chimpancé, se puede deducir que el último ancestro común de los grandes simios tendría también esta capacidad, aunque fuera potencialmente. Esta afirmación se desprende de que cuando varias especies de un mismo tronco filogenético comparten un rasgo conductual, lo más probable es que ya se encontrase en el antepasado que todas ellas compartieron.

Las implicaciones para la prehistoria son mayores, puesto que si el último ancestro común poseía este patrón conductual, es muy probable que homínidos como *australopithecus* spp y los primeros miembros del género *homo*, también lo tuvieran. No obstante, las reconstrucciones gráficas (como en las que se ve a nuestros antepasados tallando piedra o llevando un palo con fuego) de estas especies consiguiendo insectos con ramas manufacturadas o consumiendo algún tipo de fruto con ayuda instrumental brillan por su ausencia. Realmente, el eco de las investigaciones que la Etología y la Primatología han llevado a cabo sobre la conducta instrumental todavía no ha sido percibido por la arqueología prehistórica (especialmente en España), que sigue encerrándose sobre sí misma sin mostrar atención a la ayuda que le pueden prestar otras disciplinas.

Otro aspecto importante señalado por Van Schaik y su equipo es que la conducta instrumental del orangután de Suaq Balimbing es cultural, pues solo se encuentra en las poblaciones de esta parte de Sumatra, no hallándose ni en las otras poblaciones de la isla ni en las de Borneo, a pesar de que en estos territorios pueden encontrarse tanto las ramas como los insectos o los frutos con semillas, lo que descarta la explicación ecológica y deja a la cultural como única salida argumental. Además, existen otros tantos comportamientos que conllevan el uso de herramientas que parecen ser también culturales, como el uso de hojas para producir silbidos antes comentado, o la masturbación con herramientas que se da en machos y hembras.

El ejemplo del orangután es paradigmático acerca de la necesidad de continuar, sistematizar o reinventar las investigaciones y observaciones que se hacen sobre la conducta instrumental en los primates no humanos, ya que ha pasado de ser considerado como un alumno muy aventajado en el uso y fabricación de herramientas solo en cautividad, a ser reconocido como todo un artesano de la conducta instrumental y ser uno de los poquísimos animales no humanos de los que existen evidencias para pensar que posee capacidades culturales. Obviamente, es probable que en años venideros suceda lo mismo con otras especies de primates, sobre todo con algunas de las que ya hemos visto, como el mono capuchino. Una realidad que, ciertamente, nos obliga a observar con otros ojos la distancia que existe entre nosotros y otros animales.

¿El tamaño importa? A vueltas con el gorila

Los gorilas (género *Gorilla*) son los primates de mayor tamaño corporal, con una media de peso de 150 kg, y tienen hábitos terrestres. El género lo forma una sola especie que se divide en tres subespecies: *Gorilla gorilla beringei*, el gorila de montaña, cuyos machos son los famosos espaldas plateadas, y que se distribuye entre Uganda, Ruanda y Zaire; *Gorilla gorilla gorilla*, el gorila de las tierras bajas del oeste, que se encuentra desde Nigeria al Zaire; y *Gorilla gorilla graueri*, el gorila de las tierras bajas del este, que solo vive en Zaire. Se trata de una especie amenazada que corre peligro de extinguirse debido a la cruel actividad humana, que puede llegar a demandar una mano de gorila como cenicero. Esto es algo que Diane Fossey retrató muy bien para el caso de los gorilas de montaña, costándole los esfuerzos llevados a cabo para su estudio científico pero, sobre todo, para su conservación, la vida, algo de lo que da buena cuenta tanto el libro de Fossey, publicado en 1985, *Gorilas en la niebla. Trece años viviendo entre gorilas*, como la película, basada en el libro, *Gorilas en la niebla* (1988) dirigida por Michael Apted y protagonizada por Sigourney Weaver.

En torno al gorila siempre había existido un mito (amplificado por la cultura popular a través de personajes como King Kong) que le observaba como un animal violento y peligroso, algo que se deducía de su gran corpulencia y sus espectaculares alardes agonísticos, como cuando los machos se golpean el pecho con los puños. Sin embargo, el trabajo de Fossey logró romper esa imagen, acercándonos una estampa de calma y serenidad alejada de toda realidad sanguinaria. A este lavado de imagen del gorila, también contribuyeron las observaciones realizadas en individuos en cautividad, como la de la hembra Koko, cuyas imágenes jugando amistosamente con una cría de gato dieron la vuelta al mundo. Aparte de no ser más violento que cualquier otro animal, el gorila ni siquiera es carnívoro, alimentándose exclusivamente de hierbas, hojas, raíces, fruta y, en menor medida, de insectos como caracoles u hormigas.

Respecto a su conducta instrumental, esta prácticamente no existe en libertad (salvo en el contexto agonístico) y es muy reducida en cautividad. Todo ello pese a que el gorila muestra una gran habilidad para la manipulación de objetos y otros dominios del comportamiento como la comunicación. Esto, al igual que ocurría en el caso del orangután, ha llevado a algunos científicos a plantear posibles explicaciones. Sue Parker y Kathleen Gibson fueron las primeras en proponer que, tal vez, la enorme fuerza del gorila haría innecesario el uso de herramientas, idea que posteriormente han recogido otros investigadores. Así, se ha propuesto que los gorilas usan su fuerza física para obtener recursos que otros primates consiguen mediante el uso y la fabricación de herramientas, usando sus puños para abrir termiteros o sus mandíbulas para romper la cáscara dura de algunos frutos.

Sin embargo, en el año 2005, se obtuvo la primera observación de conducta instrumental de un gorila en estado salvaje, la cual no se reducía al primordial contexto agonístico, y que fue, además, filmada y fotografiada. Los científicos, dirigidos por Thomas Breuer, del Instituto Max Planck de Antropología Evolutiva en Leipzig (Alemania), presenciaron cómo dos individuos de la subespecie *Gorilla gorilla gorilla* llevaban a cabo dos conductas instrumentales distintas. Por un lado, una hembra adulta comenzó a cruzar una ciénaga, y pronto comprobó que la profundidad aumentaba a medida que avanzaba. Su reacción fue darse media vuelta y arrancar una rama de un árbol que usó como bastón mediante el que podía ir cerciorándose de que no caería en algún desnivel o en aguas más profundas. Por otro lado, otra hembra utilizó un tronco a modo de mesa para preparar un alimento. Hasta ahora, estas son las únicas observaciones fiables sobre conducta instrumental en libertad que se han llevado a cabo en gorilas. Aparte de su valor informativo, también hacen comprender que el uso de herramientas no tiene siempre que estar asociado a la obtención de recursos, y que otras demandas funcionales pueden estimular su aparición.

En cautividad, por su parte, los gorilas han demostrado tener las habilidades necesarias para llevar a cabo comportamientos instrumentales tróficos en los que chimpancés y orangutanes han obtenido éxito, como utilizar un instrumento para alcanzar un premio que se encuentra fuera de alcance, apilar cajas para poder coger una recompensa alimenticia suspendida y usar latas y otros objetos huecos para beber agua. Del mismo modo, algunos gorilas jóvenes del zoo de San Diego (California) parecen haber inventado un método para conseguir hojas y semillas de las ramas de los árboles que no pueden alcanzar. Para ello, utilizan palos con los que sacudir las otras ramas y hacer que el alimento deseado caiga al suelo, como si, salvando las distancias, de aceituneros se tratara. Los palos pueden ser lanzados contra las ramas de los árboles, ser usados para golpear las ramas o utilizarse a modo de gancho para acercar más las mismas. Además, seleccionan el palo más óptimo para llevar a cabo la acción, haciendo una selección de longitud y de grosor. Estas observaciones hicieron comprender que las capacidades de los gorilas en cuanto a conducta instrumental se refiere eran mayores de lo que se había pensado en un principio, y que, tal vez, comportamientos similares pudieran observarse en libertad.

Los gorilas cautivos son también capaces de fabricar y utilizar herramientas para extraer comida de agujeros, al igual que hacen chimpancés y orangutanes en estado salvaje. Los experimentadores, entre los que se encuentra el arqueólogo prehistórico francés Yves Coppens, proporcionaron a tres individuos de la especie *Gorilla gorilla gorilla* criados en cautividad ramas de árboles, a la vez que se les exponía ante una estructura consistente en varios troncos de madera colocados tanto vertical como horizontalmente, en los cuales había agujeros de distinta profundidad que contenían miel e higos. Todos los sujetos fabricaron herramientas (palos) mediante la extracción de hojas y corteza de las ramas, y las utilizaron para acceder a los alimentos, encontrándose además una correlación entre la longitud de los palos y la profundidad del agujero, creándose tres tipos de herramientas cuya longitud era la apropiada para cada hueco.

Fig. 13. Un gorila ante la prueba diseñada por el equipo de investigación en el que colaboró Yves Coppens.

Los casos de uso de herramientas en gorilas son muy escasos, aunque cualitativamente son muy importantes, sobre todo los experimentos llevados a cabo en cautividad, que replican muchas de las observaciones que se han realizado en chimpancés y orangutanes. Tales resultados hacen comprender que la conducta instrumental descansa sobre algo más que la dieta, ya que el gorila es casi completamente herbívoro y, sin embargo, es capaz de llevar a cabo muchos comportamientos instrumentales de los que aparecen en los otros grandes simios. En el mismo sentido se entiende la única observación que se ha constatado en estado salvaje, ya que se trata de una conducta instrumental no trófica, lo que puede guardar implicaciones respecto al diverso origen que puede tener el uso y fabricación de herramientas en las distintas especies de primates. A su vez, estos casos refuerzan el razonamiento, señalado anteriormente, por el cual podemos inferir que los primeros homínidos debieron de llevar a cabo actividades de conducta instrumental en contextos similares y, probablemente, en otros diferentes y desconocidos.

Más que un mero reflejo: pánidos

Los pánidos (término no taxonómico que engloba a los chimpancés y los bonobos y que proviene del nombre del género: *Pan*) son los primates vivos que más emparentados están con el ser humano. Esto es un hecho muy divulgado por la ciencia, pero pocas veces se comprende su verdadero significado. Estos grandes simios (al igual que el orangután y el gorila) han sobrevivido durante millones de años por encima de las especies de homínidos que existieron y que no soportaron las presiones selectivas de la evolución, hasta llegar a la actualidad y compartir con el ser humano el momento histórico de la (pos)modernidad. Los retos biológicos que han tenido que superar los convierte en algunas de las especies con mayor éxito evolutivo que existe. Son, sin duda, los primates más famosos, aunque la opinión popular suele confundir los términos y denominar con el término chimpancé a dos especies distintas (*Pan paniscus* y *Pan troglodytes*). Esta diferencia biológica se manifiesta también en el uso y fabricación de herramientas, ya que mientras el chimpancé exhibe la más exquisita y normalizada de las conductas instrumentales que se dan en los animales no humanos, tanto en libertad como en cautividad, el bonobo apenas usa herramientas en estado salvaje, y ninguna de las pocas observaciones que se han hecho se da dentro de un contexto trófico. No obstante, el bonobo ha demostrado tener muy buenas cualidades en el laboratorio para la conducta instrumental, y las investigaciones realizadas con Kanzi, un macho que aprendió formas rudimentarias de tallar piedra como lo hicieron nuestros antepasados, son muy conocidas. El hecho de que entre estas dos especies tan cercanas entre sí se de este contraste en el uso y fabricación de herramientas viene a reforzar la opinión de que en la búsqueda del origen de la conducta instrumental no entran en juego únicamente cuestiones de inteligencia, de ecología o de anatomía, sino más bien una interacción constante y activa entre todas ellas.

El espejismo bonobo

Hasta mediados del siglo xx, el bonobo fue considerado un chimpancé. No fue hasta 1969, fecha en la que se introdujo la nueva nomenclatura del género *Pan*, cuando se distinguió taxonómicamente a las dos especies, nombrándose como *Pan troglodytes* (chimpancé) y *Pan paniscus* (bonobo) respectivamente. Las diferencias físicas entre el bonobo y el chimpancé son varias. Su cuerpo, por ejemplo, es más estilizado que el de *Pan troglodytes*, con extremidades más largas y un pecho más estrecho. Su cara es negra desde el nacimiento y su pelo parece estar dividido en dos partes, evocando la imagen lo que los humanos llamaríamos *peinarse con la raya en medio*. Además, con más frecuencia que el chimpancé, adoptan la locomoción bípeda, es decir, andan sobre dos piernas.

Sin embargo, si bien estas características serían suficientes para distinguirlos de los chimpancés, las mayores diferencias respecto a estos se dan en el terreno social. No fue hasta los años ochenta del siglo pasado cuando se publicaron los primeros trabajos sistemáticos de la sociedad bonobo, llevados a cabo por el primatólogo japonés Takayoshi Kano en la región de Wamba de la República Democrática del Congo (antiguo Zaire), única nación africana donde se encuentran bonobos en libertad. Kano descubrió muchos comportamientos que han llevado a crear (tanto en la imaginería popular como en la de algunos científicos) lo que podríamos denominar como el *espejismo bonobo*, ya que a partir de sus observaciones comenzó a difundirse la idea de que los bonobos se parecen más a nosotros que los chimpancés, lo cual no es cierto. Si es verdad que, anatómicamente, el bonobo recuerda más al ser humano que el chimpancé, pero en cuanto a comportamiento social no, y es en este último punto donde se han querido ver los mayores paralelismos con *Homo sapiens sapiens*.

En primer lugar, los bonobos son los únicos animales, junto a nosotros, que utilizan recurrentemente el sexo en contextos distintos al de la reproducción. En ellos, puede verse a individuos del mismo sexo y de distintas edades practicando toda clase de comportamientos sexuales, que van desde el frotamiento de genitales entre hembras hasta adoptar la postura *cara a cara* en la cópula, algo que se pensaba, esto último, que solo practicaba el ser humano de todo el Reino Animal. La función que cumplen estos comportamientos sexuales es la de mitigar las tensiones sociales que surgen en el grupo, mientras que los chimpancés suelen utilizar la violencia. Bajo este punto de vista, podemos decir que, internamente, los bonobos son más pacíficos que los chimpancés. Otro aspecto a destacar es que, dentro de su organización social, es en torno a las hembras donde se forman los grupos, a diferencia de la sociedad chimpancé en la que, como ocurre en la mayoría de los animales, son los machos el centro de la organización social. Así, los bonobos parecen ser más *matriarcales* que *patriarcales*, a pesar de que son las hembras las que tienen que emigrar fuera de su grupo.

Estas dos características (aunque existen muchas otras) han sido las más divulgadas, y han logrado que se presente al bonobo como mucho más parecido a nosotros que cualquier otro animal no humano, cuando la realidad es que la sociedad bonobo representa un ideal en el que mucha gente desearía ver convertirse a la humanidad. Un ejemplo claro lo encontramos en la obra de Sue Savage-Rumbaugh y Roger Lewin sobre el bonobo Kanzi, *Kanzi: the ape at the brink of the human mind* («Kanzi: el simio en el límite de la mente humana») cuando dicen que: «(...) el bonobo es mucho más parecido al ser humano que otros simios. En su anatomía, comportamiento social, vocalizaciones, sus proezas sexuales, el cuidado infantil y en sus capacidades mentales, los bonobos poseen una inquietante calidad humana». Ya hemos dicho que en aspectos anatómicos si es cierto que el bonobo es más parecido a nosotros que el chimpancé, al igual que puede pasar con el comportamiento sexual, pero no existen pruebas suficientes para afirmar que cuidan de una manera más humana a sus crías que los chimpancés o que sean más listos que estos.

Sin embargo, lo que más hay que destacar es que ninguna sociedad humana ha resuelto sus problemas, internos o externos, a través del sexo: una infinita cantidad de guerras (civiles, internacionales o mundiales) deberían de ser prueba suficiente para refutar esta visión confusa y errónea sobre el bonobo. Por otro lado, la sociedad humana es absolutamente patriarcal, y la vergüenza que supone la violencia machista en nuestro país (y en muchos otros) es el mayor ejemplo que se puede dar al respecto. Obviamente, no es que no me agradaría una sociedad humana donde la violencia no fuera la que solucionara los problemas sociales, donde la mujer tuviera de verdad el mismo valor (histórico, social, político…) que el hombre o donde la decisión más difícil que hubiera de tomar fuera elegir a mi compañera de juegos sexuales, pero la realidad no es tal, y es por ello por lo que me resulta falaz la idea de que los bonobos se parecen más a nosotros, pues no se corresponde con la realidad observable y comparable y es fruto de un proceso de creación paradigmático al estilo de cómo lo describió el historiador de la ciencia Thomas Kuhn; es decir, cuando la ciencia no puede evitar ser influida por procesos sociales. En nuestro caso, los movimientos pacifista y feminista surgidos en Estados Unidos durante los años sesenta del siglo xx habrían condicionado las primeras visiones de la sociedad bonobo, creando un espejismo, más que un espejo, de la sociedad humana.

El bonobo ha demostrado tener muchas capacidades y comportamientos que, en muchos casos, son únicos de su especie, pero la realidad es que, en los aspectos más determinantes, la sociedad del chimpancé común sigue recordando mucho más a la humana. No obstante, no pretendemos crear una falsa escala de valores entre las dos especies, ya que pensamos que el estudio del bonobo es absolutamente imprescindible y necesario en los estudios sobre evolución humana y sobre la conducta instrumental. Es este último punto el que más nos interesa, y es aquí donde los bonobos han demostrado pocos pero muy significativos comportamientos.

El uso y fabricación de herramientas no es el comportamiento más usual dentro del repertorio conductual de los bonobos. Esto es muy evidente en libertad, donde a pesar de que se ha puesto una atención especial en la búsqueda y registro de tal conducta, la evidencia es casi nula. Asimismo, es un apoyo adicional para la propuesta del *espejismo bonobo*, ya que si bien la conducta instrumental no es lo que define al ser humano como especie animal, sí que es uno de los comportamientos que ha propulsado su desarrollo evolutivo, y, en la especie *Pan paniscus*, apenas tiene significado.

En libertad, la única observación existente es la que presenció Takayoshi Kano, cuyos resultados publicó en 1982. Kano observó cómo algunos individuos de la región de Wamba utilizaron ramas con hojas, que habían arrancado de algunos árboles, para protegerse ciertas partes del cuerpo del agua de la lluvia. Según Kano, «sin duda, parece que tal comportamiento es una respuesta hacia el desagradable impacto de la lluvia. Sin embargo, es cuestionable que estas ramas utilizadas para cubrir la cabeza, el cuello, los hombros o la espalda fueran realmente efectivas en protegerles de la lluvia». Kano concluyó que las observaciones posteriores tendrían que confirmar que no se trata de un comportamiento accidental o raro, sino que se lleva a cabo con regularidad. Así, incluso para el único comportamiento instrumental que se ha observado en el bonobo en libertad existen dudas de que forme parte de su repertorio regular de conductas.

En cautividad, por otro lado, se ha intentado profundizar más en esta aparente carencia conductual del bonobo. La bióloga alemana Claudia Jordan publicó en 1982 una revisión de la conducta instrumental de varios individuos de bonobo en cautividad (tanto en zoológicos como en laboratorios), en la que afirmaba que el bonobo es capaz de resolver la mayor parte de los problemas que requieren el uso de herramientas que los chimpancés han superado, por ejemplo: el uso de distintos objetos en contextos agonísticos, que son agitados, arrastrados, lanzados o utilizados para golpear a otros semejantes o a humanos; insertar palitos o ramitas en agujeros y orificios para explorarlos; utilizar palos o ramas para tocar objetos o a otros bonobos a los que les asusta tocar directamente; ensamblar piezas de un mismo palo para alcanzar recompensas situadas por encima de ellos; utilizar ramas duras como escaleras; uso de hojas o de bobinas de lana de madera para eliminar heces de su cuerpo o ser usadas como esponjas para absorber agua y beberla; o el uso de bloques de madera como escalones desde los que observar mejor el exterior de la jaula.

Uno de los casos descritos por Jordan es sumamente llamativo, ya que se trata, al igual que ocurría con el macaco de Berbería, de un uso social de herramientas, por el cual se observó la peculiar forma con la que un individuo logró arrebatarle una manzana a su madre. Esta se percató de que su hijo quería arrebatarle la manzana, por lo que adoptó una actitud agresiva para evitarlo (la madre era la primera en la jerarquía del grupo). La respuesta del hijo fue acercarse a su hermana pequeña con una exagerada mueca de juego y comenzar a luchar lúdicamente. Lo curioso es que su hermana pequeña estaba situada muy cerca de la manzana que él deseaba, y, paulatinamente, fue acercándose más y más a esta, hasta que con un movimiento súbito logró cogerla, momento en el cual abandonó el juego con su hermana y se fue a consumir su preciado botín a otro lado de la jaula. En este caso, este individuo bonobo utilizó a su hermana como herramienta social mediante la cual distraer la atención de su madre de la manzana y poder conseguir su meta. Ante esta evidencia, Jordan concluyó que la capacidad cognitiva del bonobo para utilizar y fabricar herramientas alcanzaba, al menos, el mismo nivel que la de los chimpancés. Otro experimento posterior, apoyaría esta visión.

En 1990, comenzó un proyecto de colaboración entre arqueólogos paleolitistas (los que estudian la Primera Edad de Piedra) y psicólogos cognitivos (los que estudian, entre otras cosas, la inteligencia), por el cual quisieron explorar las capacidades del bonobo a la hora de producir industria lítica; es decir: herramientas de piedra como las que utilizaron y fabricaron nuestros ancestros. El proyecto, aún vigente, tiene el nombre de *Pan, el fabricante de herramientas*, y cuenta con el bonobo Kanzi como mayor protagonista, aunque en los últimos años se ha tratado, asimismo, de introducir a su hermana, Panbanisha, en la investigación. El experimento consistía en, primero, demostrar a Kanzi cómo se podían extraer lascas de piedra de los núcleos y ser utilizadas, para, después, exponerle junto a los núcleos otras piedras que podían ser utilizadas como percutores y una caja que contenía un premio, el cual, para ser obtenido, requería que se cortase una cuerda que impedía abrir la caja. Kanzi logró aprender a extraer lascas de piedra de los núcleos sujetando estos con la mano y golpeándolos con un percutor, para, a continuación, encaminarse a la caja que contenía la recompensa, cortar la cuerda y acceder al premio. El *problema* fue que pronto Kanzi inventó su propio método de extraer lascas, consistente en lanzar el núcleo contra el suelo y recoger los pedazos que se desprendían. Más tarde, cuando los experimentadores le trasladaron a las instalaciones exteriores, donde el suelo era mucho menos duro, él mismo descubrió cómo extraer lascas de un núcleo golpeando este con otra piedra; además, afinó su lanzamiento, que era ahora directo.

Algunos años después, las habilidades de Kanzi fueron testadas de nuevo, intentándose que utilizara el método que se le había enseñado (sujetar el núcleo con una mano y golpearlo con otra piedra agarrada con la otra mano, el que utilizaron nuestros antepasados), pero continuó utilizando su propio método casi en exclusividad. Los restos líticos fueron analizados por los arqueólogos paleolitistas, que utilizaron el mismo método de análisis utilizado en los artefactos que aparecen en los yacimientos arqueológicos, concluyendo que Kanzi mostraba un grado de finura tecnológica menor que los homínidos que habían producido las herramientas de los primeros yacimientos arqueológicos de la humanidad. No obstante, muchas de las lascas que produjo podrían ser catalogadas como *humanas* por los arqueólogos, advirtieron.

El proyecto de Kanzi ayudó tanto a la arqueología prehistórica como al estudio de la conducta instrumental en primates no humanos. En primer lugar, corroboró lo señalado por Claudia Jordan acerca de que las capacidades del bonobo a la hora de usar y fabricar herramientas se encontraban al mismo nivel que las del chimpancé. El chimpancé, por ejemplo, nunca ha producido industria lítica, aunque sea utilizando un método propio, como

Kanzi. La dificultad de la prueba que superó Kanzi, así como las otras evidencias experimentales, parecen suficientes para no dudar que el bonobo posea unas habilidades similares a las del chimpancé respecto al uso y fabricación de herramientas. En segundo lugar, sirvió para descartar la posibilidad, ya sospechada, de que los primeros homínidos (nuestros antepasados más lejanos) utilizasen un método indirecto de fracturación de los núcleos y extracción de las lascas, parecido al que utilizaba Kanzi, ya que el contraste entre la manufactura que realizaba este y la observada en los artefactos de los yacimientos arqueológicos era muy marcado.

No obstante, el proyecto iluminaba también la posible interpretación del descubrimiento de las herramientas líticas por parte de nuestros ancestros, que pudo suceder de un modo similar a como lo logró Kanzi, perfeccionándose después con el paso del tiempo. Esto último, sin embargo, no puede afirmarse de otra manera que no sea la del postulado.

La conducta instrumental del bonobo es paradigmática respecto a la idea de que un gran potencial cognitivo no es el único factor que entra en juego para que una especie animal (como el ser humano) utilice y fabrique herramientas en libertad. Como hemos visto, el bonobo es capaz de desempeñar tareas instrumentales que el chimpancé ha superado y, también, muestra una destreza considerable en la manipulación de objetos. Sin embargo, a pesar de estos dos hechos, su conducta instrumental en estado salvaje es excesivamente escasa, a pesar de que forrajea sobre muchos recursos alimenticios que el chimpancé obtiene mediante el uso y fabricación de herramientas, como las termitas, las hormigas o la miel. De este modo, parece necesaria la conjunción de cierto tipo de factores (cognitivos, medioambientales y sociales) para que la conducta instrumental pase a formar parte del repertorio conductual habitual de una especie animal, como ocurre en el caso del chimpancé, en el caso de nuestra especie y como, probablemente, sucedió con nuestros ancestros evolutivos.

El gran maestro

La especie *Pan troglodytes* es, sin duda, la más mediática y conocida de todos los primates no humanos, tanto por la divulgación de las observaciones sobre su comportamiento que se han realizado en libertad (especialmente las de Jane Goodall), su utilización como modelo para reconstruir la conducta de los primeros homínidos o por su aparición en anuncios, películas u otros foros de la cultura de masas. En los zoológicos, los visitantes pasan mucho tiempo observándolos, y no son raros los comentarios del tipo *es casi como nosotros*. Su parecido respecto al ser humano no se desprende solo de una relativa similitud física, sino también conductual, siendo su uso y fabricación de herramientas uno de los aspectos más destacables. Sin embargo, lo que es verdaderamente cierto es que de todos los primates no humanos vivientes que existen en nuestro planeta en la actualidad, el chimpancé es el que más cerca se encuentra de nosotros biológica y evolutivamente, ya que el bonobo se desgajó del árbol familiar algo antes que el chimpancé. El chimpancé, por tanto, es la especie más cercana al ser humano de todo el Reino Animal.

En la actualidad existen tres subespecies aceptadas plenamente por la comunidad científica, y una subespecie más de la que solo hablan algunos investigadores. A las subespecies se les solía denominar como *razas geográficas*, ya que a simple vista son difíciles de distinguir, lo que nos indica la poca diferencia genética existente entre todas ellas. Las tres subespecies tradicionales serían *Pan troglodytes verus* (oeste de África), *Pan troglodytes troglodytes* (centro-oeste de África) y *Pan troglodytes schweinfurthii* (este de África); a ellas, habría que sumar a *Pan troglodytes vellerossus*, o chimpancé de Nigeria, que vive en el oeste africano.

Todas estas subespecies comparten unas características físicas, biológicas y sociales. En lo físico, por ejemplo: la negrura total de su rostro en edad adulta (a diferencia del bonobo, las crías de chimpancé nacen con un rostro que va desde la tonalidad rosa hasta la marrón y que va oscureciéndose con el paso del tiempo);

el pelaje gris que desarrollan en su espalda algunos individuos de edad avanzada; orejas prominentes; y un peso que oscila entre los 32-47 kg de las hembras y los 40-60 kg de los machos. Su dieta, por otro lado, es realmente omnívora, aunque casi el 75% está compuesto por frutas, que se mezclan con hojas, flores, semillas y presas animales (pájaros, hormigas, termitas, gusanos o abejas). También cazan, muchas veces de manera colectiva, y apresan mamíferos como otros tipos de primates, roedores y pequeños suidos o bóvidos. No obstante, las presas animales constituyen entre el 0-5% de su dieta.

Su estructura social, igual que la del bonobo, se entiende dentro de la denominación de «sistema de fusión-fisión de varios machos y varias hembras» *(multimale-multifemale fussion-fission system)*, lo que quiere decir que se forman grupos temporales de varios individuos (desde 20 hasta más de 100), en los que los miembros de unos y otros se intercambian según convenga, tanto si son machos como si son hembras. Es la hembra la que abandona su grupo de origen y, a diferencia del bonobo, en las comunidades del chimpancé el núcleo del grupo lo forman machos emparentados entre sí, que vigilan y controlan los límites del territorio de la comunidad. Además, muchos individuos logran sobrepasar, ligeramente, los cincuenta años de vida.

Por otro lado, la violencia es un recurso habitual de las comunidades de chimpancés para solucionar conflictos sociales, algo que yo mismo he presenciado en cautividad, aunque esto es lo habitual en la mayoría de los animales no humanos, siendo el bonobo una extraña excepción. En este sentido, se han observado agresiones letales entre chimpancés, en las cuales los miembros de un grupo golpean a uno o varios miembros de otro hasta la muerte, en una clara muestra de defensa territorial; Jane Goodall no dudó en denominarlo como guerra.

Hasta que no se realizaron los descubrimientos respecto a la conducta instrumental en libertad del orangután y el mono capuchino, el chimpancé era tenido por el único animal no humano que usa y fabrica herramientas de manera sistemática en estado salvaje. Y si bien es cierto que las observaciones en otras especies han alterado esta visión, no lo es menos que el chimpancé sigue siendo la especie que muestra un catálogo de comportamientos instrumentales más extenso, variado y flexible. Por ello, el primatólogo británico Bill McGrew realizó veinte proposiciones sobre lo que, a su parecer, debe considerarse un uso inteligente de herramientas, en muchas de las cuales destacaba al chimpancé, como por ejemplo:

> 2. De los simios, solo el chimpancé usa herramientas sistemáticamente (...) 3. El uso de herramientas por chimpancés en libertad es la norma de la especie (...) 4. El uso de herramientas del chimpancé es principalmente para la subsistencia (...) 7. Los chimpancés usan hojas de un modo ciertamente ritual, a veces comunicativo y probablemente simbólico (...) 8. Solo los chimpancés tienen equipos naturales de herramientas (...) 9. Solo los chimpancés tienen colecciones de herramientas (...) 11. La fabricación de herramientas de los chimpancés es más cercana a la de los humanos que a la de otros primates

Incluso en la nomenclatura cultural que propuso Jordi Sabater Pi, el dato que se utilizó para crear las tres culturas (piedras, bastones y hojas) fueron las materias primas con las que se usaban y fabricaban herramientas. Obviamente, la conducta instrumental del chimpancé es también la que más tiempo nos va a llevar describir, tanto por las observaciones que se han realizado en libertad como por las que se han llevado a cabo en cautividad. Las observaciones en libertad se describirán separadamente para cada subespecie, dando importancia a la distinción cultural propuesta por Jordi Sabater Pi, para, a continuación, pasar a analizar las investigaciones y experimentos llevados a cabo en cautividad, en los que no suele especificarse la subespecie de chimpancé, dándose solo la referencia de *Pan troglodytes*. Por último, se hará un repaso de las culturas chimpances, ya que ha sido esta especie la que más información ha aportado al estudio de la cultura no humana. Sin embargo, antes de pasar a revisar subespecie por subespecie la conducta instrumental del chimpancé, creemos necesario, para mayor comodidad del lector, resumir brevemente las conductas instrumentales agonistas que se han observado en el chimpancé, tanto en libertad como en cautividad.

Todas las revisiones del uso y fabricación de herramientas en animales no humanos y en chimpancés, destacan, por encima de todas, las numerosas conductas agonísticas que a tal respecto lleva a cabo *Pan troglodytes*. De este modo, se ha observado a los chimpancés, sobre todo a los machos, utilizar toda clase de objetos (algunos manufacturados y otros no), como piedras, ramas, palos, cañas, puñados de hierba, hojas, latas o frutos, para arrojarlos, rodarlos, dejarlos caer, patearlos o golpear y pinchar con ellos a miembros de su comunidad o a otros animales, incluyendo el ser humano. En los chimpancés, más que en ninguna otra especie, podemos hablar de un uso de las herramientas como armas defensivas, ofensivas e intimidatorias que tienen mucha importancia en su quehacer diario. Yo mismo he sido objetivo de piedras arrojadas por chimpancés, afortunadamente sin ser alcanzado por ellas. Todos estos comportamientos son sistemáticamente habituales en los chimpancés, tanto en libertad como en cautividad, pero el caso más ilustrativo, lo constituye, tal vez, el de Mike, un chimpancé macho de la comunidad que estudió Jane Goodall en Gombe (Tanzania), el cual se sirvió de objetos para usarlos como herramientas intimidatorias en sus alardes agonísticos y poder ascender, de este modo, en la jerarquía social del grupo. Goodall lo relata del siguiente modo:

> *El acceso de Mike al rango de macho dominante fue tan interesante como espectacular. En 1963 ocupaba uno de los niveles inferiores en la jerarquía del grupo; era el último en acercarse a los plátanos y sufría continuos ataques por parte de la casi totalidad de los machos adultos. De hecho, durante una temporada llegó a parecer calvo debido a la cantidad de pelo que le era arrancado en aquellas peleas. Su posición era aún la misma cuando Hugo y yo dejamos la reserva antes de casarnos, a fines de aquel año. Al regresar cuatro meses después, nos encontramos con un Mike completamente*

diferente. Kris y Dominic nos contaron el comienzo de la historia: cómo había comenzado a utilizar bidones vacíos de parafina para hacer más espectaculares sus alardes de fuerza. No tuvimos que esperar mucho para ver con nuestros propios ojos las nuevas técnicas de Mike. Hay un incidente que recuerdo con particular detalle. Unos cuantos chimpancés, entre ellos David, Rodolf y el entonces dominante Goliat, se hallaban en una de sus sesiones de aseo mutuo, que duraba ya unos veinte minutos. A unos veinticinco metros se sentaba Mike, completamente solo, mirando insistentemente al grupo y acicalándose con desgana. De súbito se levantó, se acercó reposadamente a nuestra tienda y se apoderó de una lata de parafina, que tomó por el asa. Recogió después una segunda lata y en posición erecta regresó al lugar que antes ocupaba. Armado de esta guisa y sin dejar de observar al grupo de machos, comenzó, después de unos minutos, a balancearse, apoyándose en uno y otro pie sucesivamente (...) Poco a poco comenzó a balancearse con más rapidez, a erizar el pelo y a emitir una serie de alaridos. De súbito se lanzó en dirección al grupo, golpeando las latas una contra otra. Esto, unido al clamor de los aullidos, que eran ahora mucho más potentes, causó tan increíble estruendo que provocó la huida inmediata de los machos. Mike y las latas desaparecieron en la espesura y se hizo de nuevo el silencio. Algunos de los machos regresaron al lugar y continuaron con su sesión de aseo, pero la mayoría permanecieron de pie, en actitud expectante. Tras un corto intervalo sonaron de nuevo, cada vez más próximos, los alaridos que precedieron a la aparición de las dos latas y de Mike tras ellas. En línea recta avanzó hacia los machos, que otra vez se dispersaron despavoridos. Ahora, antes de que el grupo pudiera reorganizarse, se lanzó de nuevo a la carga, tomando como objetivo único a Goliat, quien, como el resto de sus compañeros, decidió huir. Finalmente, Mike se detuvo y se sentó a descansar, jadeante y con el pelo aún erizado. Con los ojos relampagueantes y el labio inferior caído, mostrando el interior rosado de su boca,

> *ofrecía un aspecto amenazador. Rodolf fue el primero de los machos que se atrevió a acercarse, emitiendo unos gruñidos de sumisión y agazapándose para acercar su boca al muslo del vencedor, comenzando, acto seguido, a asearle. Otros dos machos le imitaron. Por último, David se acercó al grupo, depositó una mano en la ingle de Mike y se unió a la tarea de sus compañeros. Únicamente Goliat permaneció apartado y solo, sin dejar de mirar a su rival. Su hasta el momento indiscutible primacía se veía, por primera vez, amenazada*

Finalmente, Mike logró convertirse en el macho dominante del grupo, superando al hasta entonces líder Goliat[23]. Este ejemplo nos muestra la importancia que tiene la conducta instrumental en contextos agonísticos, pudiendo alterar el orden social de un determinado grupo. Otro caso muy conocido es el clásico experimento que llevó a cabo Adriaan Koortland en los años sesenta del siglo XX, cuando, ante unos chimpancés cautivos, expuso un leopardo disecado al cual había colocado en la boca un peluche de cría de chimpancé. La reacción de los chimpancés fue lanzar piedras y palos contra el leopardo, e incluso algunos se acercaron y le golpearon.

Este último ejemplo, unido al de Jane Goodall y el resto que existen en la literatura científica, ha iluminado muchas de las visiones que se tienen del uso y fabricación de herramientas en un contexto agonístico de los primeros homínidos, para lo que solo hay que recordar el principio de la película de 1968, *2001. Odisea en el Espacio* de Stanley Kubrick, en la cual un (suponemos) australopitecino agarra un hueso de las carcasas que están husmeando él y sus compañeros y comienza a utilizarla como arma intimidatoria. Actualmente, no existen pruebas arqueológicas que secunden tal imagen, y es muy difícil que puedan llegar a aparecer. No obstante, mediante el ejemplo del chimpancé, así como el de otros primates no humanos, pueden crearse modelos agonísticos que permitan inferir que, probablemente, algo similar sucediera

---

[23] En la precuela de *El planeta de los simios*, *El origen del planeta de los simios* (2011) dirigida por Ruper Wyatt, se hace un pequeño homenaje a la historia de Mike, ya que César, el chimpancé protagonista, utiliza el mismo método que aquel para convertirse en el macho dominante del grupo.

en el caso de nuestros ancestros. Es obvio que no tiene el peso demostrativo de una prueba directa, como son las arqueológicas, pero no deja de ser una manera científica, aunque indirecta, de conseguir información adicional mediante la cual reconstruir la conducta de nuestros antepasados. Esto es solo una muestra más de lo beneficioso que puede ser el uso de modelos primatológicos en la reconstrucción científica de la prehistoria.

La conducta instrumental en un contexto de aseo/bienestar del chimpancé es también rutinaria y regular, habiéndose registrado en muchas de las áreas donde habita (aunque solo parece ser tradicional de las poblaciones del este de África), así como en cautividad, tanto en laboratorios como en zoológicos e instituciones similares. Los comportamientos suelen incluir el uso de hojas o ramitas para librarse de restos de heces u orina (haciéndolo muchas veces inmediatamente después de la defecación o la micción), así como de arena, barro u otras sustancias o partículas molestas (por ejemplo, restos de comida) que han quedado adheridas a ciertas partes de su cuerpo. En libertad, las primeras observaciones de Jane Goodall siguen siendo las paradigmáticas respecto a este comportamiento:

> *Las hojas fueron usadas también para limpiarse el cuerpo. Una vez, una hembra arrancó un puñado de hojas para quitarse barro del pie. Un adolescente cogió algunas hojas para quitarse algunas gotas de orina que le habían salpicado de un individuo juvenil que se encontraba encima de ella. Otro joven, después de transportar algunas bananas pegajosas, cogió algunas hojas y se frotó el pecho con ellas, para después tomar un ramillete de hojas y frotarse otra vez*

Este sintético repaso acerca de los comportamientos instrumentales en los contextos agonístico y de aseo/bienestar se hacía necesario para acometer más detenidamente el uso y fabricación de herramientas que los chimpancés realizan en estado natural dentro de un contexto alimenticio. Como es obvio, la brevedad de la atención dedicada a los contextos agonístico y de aseo/bienestar no se corresponde con la frecuencia con la que aparecen en la literatura científica, ya que son comportamientos muy extendidos en todas las poblaciones de chimpancés.

Pan troglodytes verus

El chimpancé del oeste de áfrica, es conocido, sobre todo, por la utilización que hace de piedras y palos de madera a modo de martillos y yunques para romper la cáscara de algunos frutos, lo cual constituye un comportamiento único de esta población. Los países por los que se distribuye esta subespecie de chimpancé son Costa de Marfil, Senegal, Guinea, Sierra Leona, Liberia, Mali, Ghana y Benin y Togo. En todos estos países se encuentran poblaciones de *Pan troglodytes verus* en libertad, aunque los estudios se han centrado en Costa de Marfil, Guinea, Senegal y Liberia, especialmente en las comunidades del bosque Tai (Costa de Marfil) a cargo del primatólogo suizo Christophe Boesch, y de Bossou (Guinea) a cargo de los primatólogos japoneses Yukimaru Sugiyama, primero, y Tetsuro Matsuzawa, después. Estos investigadores son los que han estudiado más a fondo (con investigaciones sistemáticas de varios años) el uso de piedras y palos para consumir frutos con cáscara dura, así como otros muchos comportamientos instrumentales. En Liberia, en el Parque Nacional de Sapo, también se ha constatado dicha actividad, al igual que en Sierra Leona; en Senegal, por su parte, se ha observado conducta instrumental para forrajear sobre insectos como termitas y hormigas, aunque no el comportamiento cascador.

Las primeras observaciones de las que se tiene cuenta acerca del uso de piedras a modo de martillos para romper la cáscara de algunos frutos es la que realizaron Thomas S. Savage y Jeffries Wyman entre 1843 y 1844 y la que relató Harry Beatty en 1951 en Liberia, que fueron constatadas por estudios posteriores, sobre todo, en las poblaciones del bosque Tai, en Costa de Marfil, y Bossou, en Guinea. Realmente, este comportamiento es el que más atención ha recibido de todo el catálogo de la conducta instrumental del chimpancé por parte de la investigación etoprimatológica. Aparte, es reconocida como la forma más compleja de uso de herramientas, ya que se requiere que el sujeto produzca dos relaciones espaciales distintas: la que existe entre el fruto y la superficie y la que se da entre el fruto y la piedra, como vimos en el caso del mono capuchino. En el mismo sentido, exige la interacción entre la manipulación bimanual y la asimétrica. Además, los frutos que son consumidos (hasta seis especies distintas entre los tres lugares donde se ha observado esta conducta), ayudan a los chimpancés a optimizar su energía, ya que reportan suculentas calorías, superiores a las que aporta, por ejemplo, la yema de huevo.

La secuencia básica del comportamiento, sería la siguiente. El chimpancé coge un fruto con cáscara[24] y lo sitúa en un yunque, que puede ser un afloramiento natural de piedra, una piedra suelta o los huecos de las raíces de los árboles (pocas veces se utiliza el suelo para llevar a cabo la acción), para a continuación acometer uno o varios golpes con otra piedra o un palo de madera que rompan la cáscara y poder acceder al fruto. Así es como se ha observado en las cuatro poblaciones donde este comportamiento se ha registrado, en Costa de Marfil, Guinea, Liberia y Sierra Leona. Sin embargo, existen algunas diferencias entre las poblaciones. Por ejemplo, los chimpancés del Bosque Tai, en Costa de Marfil, rompen la cáscara del fruto utilizando tanto un martillo de piedra como de madera y sobre un yunque de piedra o de madera o sobre el propio suelo; es decir, un martillo de piedra sobre un yunque de piedra; un martillo de piedra sobre un yunque de madera; un martillo de madera sobre un yunque de piedra; un martillo de madera sobre un yunque de madera; o un martillo de piedra o madera sobre el propio suelo. Los chimpancés de Bossou (Guinea) solo utilizan un martillo de piedra sobre un yunque de piedra, y en Sapo (Liberia) solo utilizan martillos de piedra sobre yunques de piedra o madera, lo cual tiene

---

24 En inglés, existe una palabra que describe a este tipo de frutos: *nut*, que erróneamente suele traducirse como *nuez*. Sin embargo, dentro de la palabra *nut* se entienden lo que en castellano conocemos como nuez (*walnut*), avellana (*hazelnut*), almendra (*almond*) o cacahuete (*peanut*). También podría utilizarse la traducción de fruto seco, pero he preferido hacerlo por fruto con cáscara, aunque pueda parecer más engorroso.

una explicación ecológica, ya que en Bossou, por ejemplo, no hay raíces de árboles que puedan ser utilizadas apropiadamente como yunques. Además, los chimpancés de Tai transportan tanto los frutos como las herramientas hasta distancias de 500 m, mientras que los chimpancés de Bossou no. Del mismo modo, fabrican palitos (a partir de ramas arrancadas y despojadas de hojas, ramitas y corteza) para darles una forma y uso más apropiados y extraer restos del fruto que hayan quedado muy adheridos a la cáscara.

Fig. 14. Una cría de chimpancé utilizando martillo de madera sobre yunque de madera.

Muy recientemente, se han encontrado pruebas indirectas (fragmentos de piedra, yunques con señales de utilización) de que los chimpancés de las montañas de Nimba (Guinea) podrían utilizar cuchillas de piedra y yunques para desgajar el denso envoltorio vegetal que cubre un tipo de fruto muy difícil de abrir con los dientes. No se ha observado a los chimpancés llevando a cabo la acción, pero el hecho de que las poblaciones humanas no consuman el fruto, y de que se hayan encontrado restos fecales de chimpancé alrededor de los utensilios, apuntan a que puede tratarse de un nuevo comportamiento que no se conocía. Tanto el uso de piedras y palos de madera como martillos o cuchillos, así como la utilización de yunques de piedra y madera, hacen ver que los chimpancés del oeste africano poseen una *tecnología de la percusión*.

Tanto desde un punto de vista cognitivo, como sexual e histórico, es la población de chimpancés del bosque Tai la que más evidencias ha ofrecido. Así, sabemos que los chimpancés de esta población buscan optimizar la actividad, es decir, encontrar la manera más rentable (en términos materiales y energéticos) de llevarla a cabo. Para ello, buscan yunques (de piedra o de madera) que tengan una superficie lisa y horizontal y utilizan mayoritariamente martillos de madera, aunque usan los de piedra cuando la dureza de la cáscara lo requiere, seleccionando la anchura y la longitud. Del mismo modo, se ha observado cómo los chimpancés poseen una visión espacial euclidiana, que les lleva a crear mapas mentales situacionales a la hora de proceder a ejecutar el comportamiento; por ejemplo, cuando encuentran frutos y van a buscar las piedras más cercanas, o cuando encuentran piedras y las llevan al árbol con frutos más cercano. Asimismo, seleccionan las piedras más ligeras cuando la distancia hacia los frutos se incrementa, aunque esto solo lo hacen con una especie determinada de fruto, que es la que presenta la cáscara más dura y, por tanto, han de utilizarse piedras como martillos. Los chimpancés deben medir, conservar y comparar distancias, así como permutar objetos y puntos de referencia, lo cual es llamativo ya que el alcance de su visión es de tan solo 20 m. La deducción más importante de estas observaciones es que los chimpancés, cuando llevan a cabo estos comportamientos, trabajan con representaciones mentales; en otras palabras: lo dibujan en su cabeza antes de llevarlo a cabo.

Se sabe, también, que las hembras del bosque Tai utilizan con más frecuencia que los machos las herramientas para romper la cáscara de los frutos. Para explicar tal hecho, se barajaron varias hipótesis o explicaciones posibles, como, por ejemplo, que las hembras eran más dependientes de las calorías y proteínas que aportan los frutos ya que los machos obtienen muchas mediante la carne que consumen a través de la caza o que existían diferencias cognitivas entre sexos. Finalmente, solo dos explicaciones parecieron plausibles. En primer lugar, los machos tomarían menor parte en estas actividades debido a una diferente sociabilidad, ya que tienden a abandonar dicha actividad cuando ocurre algún conflicto en el grupo o cuando surgen oportunidades de caza; dado que los machos son los que manejan la organización interna del grupo, suelen estar más pendientes de estas realidades, dejando de romper la cáscara de los frutos cuando la situación lo requiere. Y en segundo lugar, se da una explicación motora, puesto que si bien durante la etapa juvenil las diferencias sexuales no suelen estar presentes, estas se disparan durante la adolescencia, cuando en las hembras aparecen las hinchazones sexuales y cambian su forma de golpear las nueces, haciéndolo de un modo más apropiado (se da una rápida adaptación a los cambios provocados por los ciclos de estro), mientras que los machos siguen haciéndolo igual que en la etapa juvenil; es decir: las hembras afinan la ejecución de la conducta y son más diestras en ella, lo que provoca la diferencia respecto con los machos.

Otras investigaciones son de carácter etoarqueológico[25]. Así sucede con los trabajos de la arqueóloga Susana Carvalho y su equipo, por los cuales hemos podido conocer, aplicando el análisis de las cadenas operatorias que se maneja en arqueología prehistórica, que la especie *Pan troglodytes verus* lleva a cabo su actividad machacadora de frutos a través de una serie de pasos que

---

[25] La Etoarqueología es una disciplina multi e interdisciplinar reciente. Básicamente consiste en poner la metodología arqueológica al servicio de la Etología y viceversa.

comprenden diferentes acciones: elegir el material, elegir la piedra apropiada, transportarla, elegir la función de cada herramienta, utilizarla, reutilizarla... El análisis macroscópico de los restos y conjuntos materiales dejados por los chimpancés ha sido la clave para conocer este dato. También, se han podido deducir trazas de uso, así como el hecho de que pueden utilizar partes desprendidas de un yunque como herramientas, lo que si bien no es una fabricación intencional, supone producir una herramienta a partir de otra y reutilizarla con una función diferente, ya que la parte del yunque desprendida se utiliza como martillo.

El mismo sentido etoarqueológico tienen las excavaciones que el equipo dirigido por el arqueólogo español Julio Mercader ha llevado a cabo en lugares donde los chimpancés han desempeñado este comportamiento tradicionalmente, como el bosque Tai, donde se han conseguido evidencias científicas sobre su antigüedad histórica. Primero, se excavó un yacimiento de hace cuarenta años, donde se encontraron tanto restos líticos como restos de cáscaras, para después hacer lo propio con uno de más de cuatro mil años de antigüedad, donde, si bien no se encontraron restos de cáscaras, si se recuperaron, mediante análisis microscópico, restos de almidón, procedentes de los frutos que se habían machacado y que se habían conservado en las piedras.

Todas estas evidencias, unidas a las señales antes (sobre todo las referentes a la influencia social en el desarrollo del comportamiento y a la exclusividad de este comportamiento, que solo aparece en las poblaciones de chimpancé del oeste de África) confirmaron las sospechas de que el uso de piedras y palos de madera como herramientas para romper la cáscara de algunos frutos es un comportamiento cultural que se ha mantenido a lo largo de miles de años, lo cual permite hablar sin miramientos de una *Cultura de las Piedras* en los chimpancés, como había apuntado muy acertadamente Jordi Sabater Pi. Lo que parece claro, es que, al menos para el oeste de África, puede hablarse de una prehistoria del chimpancé, o de su Edad de Piedra, pues hay evidencias directas de que han estado usando herramientas líticas desde hace unas 200 generaciones.

Los chimpancés del oeste de África también utilizan y fabrican herramientas para consumir insectos, principalmente hormigas y termitas. Este comportamiento fue descrito por primera vez por Jane Goodall en Gombe (Tanzania) para la subespecie *Pan troglodytes schweinfurthii*, siendo observado después en las otras subespecies del oeste y centro-oeste de África. Los investigadores suelen distinguir entre «recogida de hormigas» (*ant-dipping*[26]) y «pesca de termitas» (*termite-fishing*), aunque, salvo porque se consumen dos especies distintas, guardan características muy similares. Una diferencia fundamental parece ser que mientras las termitas siempre son *pescadas* en los nidos o termiteros, las hormigas se pueden *recoger* tanto en los hormigueros como cuando se las encuentra en los árboles o en el suelo, hablándose muchas veces también de «pesca de hormigas» (*ant-fishing*). No obstante, tal dicotomía parece, en ocasiones, innecesaria, aunque aparezcan ciertas diferencias metódicas entre los dos comportamientos, pudiéndose hablar, más fácilmente y de manera global, de forrajeo sobre insectos. Esta similitud podemos comprobarla en las explicaciones que Bill McGrew hace sobre ambos procedimientos:

> *«Pesca de Termitas» (Termite-fishing): El chimpancé abre, en primer lugar, un agujero en el nido de termitas. Después, inserta en el montículo una sonda larga y fina hecha de material vegetal, como una brizna de hierba, una tira de corteza de árbol o un trozo de parra. La mayoría de estas sondas tan simples han sido modificadas por el chimpancé, acortándolas, partiéndolas, haciéndolas tiras, etc. Sin ser vistas por el depredador, las termitas que se encuentran dentro del termitero atacan el molesto objeto sujetándose a él con sus mandíbulas. El chimpancé, entonces, retira cuidadosamente la herramienta y usa sus labios para mordisquear los insectos que se encuentran adheridos a ella, a veces de una en una. La secuencia se repite muchas veces de manera placentera.*

---

[26] *To Dip* en inglés se traduce, en este caso, como «mojar», por ejemplo, mojar el pan en una salsa. Para una mayor claridad he preferido utilizar el término «recoger».

«Recogida de hormigas» (Ant-dipping): El chimpancé depredador encuentra un nido subterráneo de hormigas y lo excava con las manos. El simio, hace entonces una larga y lisa varita de madera a partir de una rama. Cuando se inserta la herramienta en el hormiguero, las hormigas salen hacia ella en ataque. El chimpancé rápidamente retira la herramienta y, mientras la sostiene con una mano, recorre toda la varita con la otra con un movimiento suave. Las hormigas son momentáneamente recolectadas en una masa revuelta en la mano que ha limpiado la varita, y se echan directamente a la boca (método denominado Pull through, que podríamos traducir como «de dos manos»). El chimpancé las mastica entonces frenéticamente para evitar ser mordido. En respuesta a la masiva y activa defensa de las hormigas, el chimpancé muestra varias tácticas de posicionamiento y técnica, como colgarse de árboles jóvenes salientes para permanecer elevado por encima de la masa de hormigas que está en el suelo.*

Hay diferencias en los materiales utilizados para construir la herramienta, siendo, mayoritariamente, partes de plantas para las termitas y madera vegetal para las hormigas. Pero la mayor diferencia parece provenir de la defensa que los chimpancés intentan ejecutar ante el temido ataque de las hormigas, que les lleva a afrontar de una forma más alertada la recogida de hormigas, mientras que en la pesca de termitas se muestran más relajados. Se trata de comportamientos comunes a las tres subespecies de chimpancé, aunque no todos lo llevan a cabo de la misma manera, y en algunos casos, como en el de los chimpancés del Bosque Tai, se consumen termitas pero no se utilizan herramientas para conseguirlas, mientras que sí se hace con las hormigas. Son unos comportamientos que requieren, además, cierta destreza, tanto en la selección de los materiales como en la preparación de las herramientas y en su ejecución, pues algunos investigadores han intentando llevarlos a cabo ellos mismos, tras observarlo durante bastante tiempo en los chimpancés, para terminar teniendo que reconocer su ineptitud para desempeñar la tarea eficazmente.

En *Pan troglodytes verus* se han observado las dos actividades, aunque no en todas las áreas. La recogida de hormigas ha sido constatada en las poblaciones de Bossou en Guinea, en las del Bosque Tai de Costa de Marfil, en la de Fongoli en Senegal y en el Parque Nacional de Outamba-Kilimi en Sierra Leona. La técnica del *pull trough* es la forma característica de recoger hormigas de los chimpancés del Parque Nacional de Gombe (Tanzania), donde fue observada por primera por Jane Goodall. Sin embargo, en las poblaciones del oeste no siempre se sigue esa técnica, al igual que la de colgarse de un árbol joven, que también se ha observado solo en Gombe. En el Bosque Tai, por ejemplo, se utiliza solo el procedimiento «de una mano», por la cual, en vez de coger las hormigas con la otra mano y llevárselas a la boca, se introducen las hormigas directamente a la boca con la herramienta, pasándola por los labios a la vez que se atrapa el alimento. En Bossou, se han observado las dos técnicas, aunque el *pull trough* solo se ha constatado puntualmente y no de manera regular, siendo la técnica «de una mano» la que se utiliza en la mayoría de las ocasiones. Cuando se usa la técnica del *pull trough*, además, las varitas son de una longitud mayor.

La pesca de termitas, por su parte, ha sido observada en Bossou e inferida en Assirik y Fongoli (Senegal) a partir del hallazgo de algunos palitos y ramas manufacturados cerca de los termiteros, dado que las poblaciones no están acostumbradas a la presencia humana y son bastante esquivas. En Bossou, además, se lleva a cabo un procedimiento diferente, ya que la pesca de termitas se produce sobre nidos que las termitas construyen en los huecos de algunas ramas caídas de los árboles, que los chimpancés golpean y machacan con pequeños palos hasta que algunas termitas quedan adheridas por la fuerza, muchas de ellas destrozadas, y el chimpancé se limita a chupar el pequeño palo rebañando todo lo que ha quedado pegado a él. En Assirik y Fongoli (Senegal), los chimpancés escogen los termiteros que más cerca se encuentran de algunas especies vegetales, las cuales son las más idóneas para construir sus herramientas, lo que evidencia una marcada selección de los lugares a explotar para la obtención de termitas.

Otros comportamientos instrumentales que se han observado dentro del contexto trófico en *Pan troglodytes verus* son el uso de palitos previamente fabricados para extraer miel y larvas de nidos de abejas; o para extraer y comer el tuétano de los huesos del colobo rojo, así como su cerebro y los restos comestibles que quedan en las órbitas oculares, después de haberlo cazado y desmembrado, algo, esto último, solo observado en el Bosque Tai, por lo que se considera, también, una característica cultural. Asimismo, usan hojas masticadas y estrujadas para acceder al agua que se acumula en los huecos de algunos árboles.

Hay otros dos casos que merecen especial atención. El primero de ellos fue observado en Bossou por los primatólogos japoneses Gen Yamakoshi y Yukimaru Sugiyama, y consiste en la utilización de la parte dura de las hojas de la palmera de aceite para machacar la corona de la misma y acceder a los brotes o capullos, que son comestibles y muy suculentos. El chimpancé sube hasta la corona de la palmera y arranca una hoja, que es mordisqueada hasta reducirla a su parte más dura, tras lo cual, y después de haber quitado los tallos más jóvenes que habían empezado a crecer, comienza a machacar la zona central hasta hacer un agujero que permita acceder a los brotes que aún no han crecido, pero que son un apetecible y jugoso alimento. El chimpancé utiliza la herramienta y la corona de la palmera del mismo modo que si estuviera utilizando un mortero, de ahí su denominación inglesa: *pestle pounding behavior*. Se trata de un comportamiento que solo ha aparecido en Bossou, por lo que se piensa que puede ser cultural, aunque no se descarta una posible explicación ecológica.

Por otro lado, recientemente ha tenido lugar una de las dos observaciones que existen de uso de herramientas en la caza por parte del chimpancé. Así, en Fongoli (Senegal), en un hábitat de mosaico de sabana, los antropólogos Jill Pruetz y Paco Bertolani observaron cómo los chimpancés utilizaban ramas previamente arrancadas y manufacturadas (despojándolas de ramitas y hojas y produciendo cierta punta a base de mordiscos), para introducirla en los huecos de algunas ramas caídas y pinchar a los gálagos (un pequeño prosimio) que allí se encontraban para que salieran de su escondite. Se observaron 22 casos, pero solo en 1 de ellos, el chimpancé logró su objetivo, es decir, sacar del hueco a su presa, no sabiéndose si ya estaba muerto o murió a causa de los pinchazos infligidos por el chimpancé. En cualquier caso, los investigadores ven en esta herramienta una lanza, ya que la forma de usarla no es exploradora o tanteadora, sino hiriente.

Todo este conjunto de comportamientos instrumentales es el que mejor define a la subespecie *Pan troglodytes verus*. Si bien algunos son compartidos con las otras dos subespecies (como la pesca de termitas y hormigas, la recogida de hormigas, el uso de hojas como esponjas con las que recoger agua o la recogida de miel) existen muchos otros que son únicos de este agente biológico, como la extracción del tuétano, el cerebro o los restos comestibles de las órbitas oculares del colobo rojo o el «comportamiento machacador en mortero» (*Pestle-pounding behavior*). No obstante, si hay un comportamiento que define realmente a esta subespecie, que se extiende por todo el oeste africano, es su capacidad para romper la cáscara dura de algunos frutos ayudándose de piedras, palos y raíces. Es por este motivo por el cual Jordi Sabater Pi los definió como la *cultura de las Piedras*, que si bien puede resultar algo erróneo —ya que en el Bosque Tai se suele utilizar mucho más la madera como materia prima para los martillos— sigue siendo una manera muy gráfica y antropológica de distinguirlos de sus compañeros de especie.

Pan troglodytes troglodytes

La subespecie del chimpancé del centro-oeste de África se encuentra en estado de libertad por los territorios de Guinea Ecuatorial, Gabón, Camerún, la República Centroafricana, el Congo y Nigeria. Para Nigeria, algunos científicos reconocerían otra subespecie de chimpancé, *Pan troglodytes vellerossus*, aunque no es aceptada por todos los investigadores. De las tres razas geográficas reconocidas, *Pan troglodytes troglodytes* es la que menos ha sido estudiada, a pesar de que disfruta de un hábitat que parece ser la tierra de origen del chimpancé: el bosque ecuatorial. El pionero en la investigación de esta subespecie, o esta zona, según se prefiera, fue Jordi Sabater Pi, quien estudió y analizó las herramientas encontradas cerca de los termiteros, las cuales definió como bastones que se usaban para romper la entrada de los nidos de las termitas, y acceder, así, al recurso alimenticio. Debido a que esta cultura material no se había documentado en las otras zonas (aún hoy en día no se ha hecho), Jordi Sabater Pi le atribuyó la designación de *Cultura de los Bastones*. Aparte de este comportamiento, que veremos a continuación, también se han observado otros, como el uso de herramientas en la recolección de miel, la pesca de termitas, la recogida de hormigas o el acceso al agua.

En 1969, Clyde Jones y Jordi Sabater Pi encontraron las primeras evidencias sobre el uso de bastones que los chimpancés realizan para obtener termitas en Rio Muni (hoy Guinea Ecuatorial): 174 instrumentos que, dada su cercanía a los termiteros, dedujeron que habían sido utilizados para excavar los nidos de las termitas. Observaciones posteriores, en las que se vio a los chimpancés de la subespecie *Pan troglodytes troglodytes* llevar a cabo la acción, confirmaron la información preliminar. Así, a diferencia de las otras subespecies de chimpancé y de otras poblaciones de chimpancés del centro-oeste de África, los sujetos de Guinea Ecuatorial, sobre todo la población del monte Okorobikó, que es donde Jordi Sabater Pi llevó a cabo su investigación, obtienen las termitas de otro modo, algo que después se supo que también ocurría en las poblaciones de Camerún y del Congo. Primero, consiguen ramas consistentes (no ramitas), las cuales son manufacturadas de la forma habitual, esto es: extrayendo ramitas, hojas y corteza y haciendo una selección de grosor y longitud, así como de resistencia. Una vez localizado el termitero, el chimpancé se acerca hasta él y comienza a dar golpes sobre el mismo con la intención de abrirlo, usando dos tipos de agarre distintos (el de *fuerza*, con el pulgar mirando hacia arriba, y el de *precisión*, con el pulgar mirando hacia abajo). Realizado esto, el chimpancé procede a recoger las termitas con la mano, aunque esto último nunca ha sido presenciado, sino que se presume. Tal presunción resultó no ser acertada a tenor de lo observado en otras poblaciones de chimpancé del centro-oeste de África, donde se utilizan los bastones perforadores o excavadores, pero seguidamente también palitos con los que se extraen las termitas. No obstante, las indicaciones de Jordi Sabater Pi siguen siendo igual de acertadas, pues el método perforador solo se ha observado en el centro-oeste de África, y él fue el primero en percatarse de tal diferencia.

Este método de obtención de termitas ha sido documentado también en la Reserva Animal de Campo en Camerún, donde se encontraron igualmente los bastones clavados en los termiteros, así como las sondas que se utilizan en las otras áreas geográficas africanas. Sin embargo, aquí se registró también la existencia de lo que el autor llama «palo con cepillo» (*brush-stick*), pues la mitad de los bastones encontrados presentaban uno de sus extremos deshilachado, tomando el aspecto de una pequeña escobilla. Yukimaru Sugiyama lo interpretó como un signo de manufactura, proponiendo que o bien lo habían hecho con los dientes o bien habían machacado el extremo con una piedra mientras se apoyaba sobre un yunque. La forma en cepillo ayudaría a sacar las termitas de una manera más cómoda, ya que se engancharían mejor o podría empujárselas hacia fuera del termitero más fácilmente. No obstante, nunca observó este comportamiento, y solo fue inferido a partir de restos materiales. Pero hace pocos años, dos investigadores, Jason Heaton y Travis Pickering, biólogo y arqueólogo prehistórico respectivamente, falsearon tal hipótesis tras analizar una muestra de estos palos con cepillo, curiosamente la que fue recolectada por Clyde Jones y Jordi Sabater Pi y que se conserva en el Museo de Historia Natural de la Universidad de Tulane, en Nueva Orleans. Tras analizar todos los especímenes con una perspectiva arqueológica, los investigadores concluyeron que más que fabricarse voluntariamente, los palos cepillo eran producto de la fracturación de las ramas, es decir, de cuando los chimpancés arrancan las ramas que van a utilizar como bastones, explicándose el hecho de que muchos no presenten la escobilla distal debido a que habían sufrido un mayor uso en las funciones excavadoras.

Otro comportamiento instrumental que ha sido observado en *Pan troglodytes troglodytes* es el uso de sondas para recoger miel de los nidos de abeja que se encuentran en algunos árboles. Sin embargo, tanto en la zona del Congo como en el Bosque Ngotto de la República Centroafricana, se ha observado que los chimpancés, aparte de tomar simplemente la miel con una sonda, utilizan porras de madera para golpear las colmenas de algunos árboles y que estas caigan al suelo, algo que en Ngotto se ha observado que hacen también con hormigueros arbóreos. Del mismo modo, se ha observado cómo usan hojas para crear esponjas con las que acceder al agua que queda acumulada en los huecos de las raíces de algunos árboles.

Si hay una cosa que podemos señalar acerca del estudio de la conducta instrumental en la subespecie *Pan troglodytes troglodytes* es que deberían promoverse las investigaciones en torno a ella, puesto que es, como se ha dicho al principio, la menos estudiada de todas las existentes, a pesar de que exhibe algunas características de comportamiento que parecen ser exclusivas de su zona, lo que sería muy importante a la hora de llevar a cabo comparaciones culturales entre las tres subespecies. De este modo, al igual que hablábamos de una *tecnología de la percusión* o una *cultura de las piedras* para la subespecie *Pan troglodytes verus*, en referencia a los chimpancés del centro-oeste podríamos hablar de una *tecnología perforadora* o una *cultura de los bastones*, que es como la definió el pionero en su investigación, el primatólogo catalán Jordi Sabater Pi.

Pan troglodytes schweinfurthii

Cuando mucha gente escucha hablar del chimpancé, sin saberlo se imagina a la subespecie *Pan troglodytes schweinfurthii*. Junto al chimpancé del oeste de África, es el chimpancé al que más se ha observado, y muchos de los comportamientos instrumentales más tradicionales del chimpancé en libertad fueron observados en ella por primera vez, como, por ejemplo, el forrajeo sobre insectos.

La subespecie se extiende por todo el este africano, encontrándose poblaciones en libertad en los territorios nacionales de Tanzania, Uganda, Zaire, Sudán, Burundi, Ruanda y Kenia. Sin embargo, el estudio sistemático solo se ha llevado a cabo en Tanzania (Gombe, Montañas Mahale), Uganda (Kibale y Budongo) y, en menor medida, al oeste del valle del Rift, en Zaire. Jordi Sabater Pi definió a las poblaciones de chimpancés del este de África como la *cultura de las hojas*, ya que la materia prima principal con la que los sujetos de esta zona fabrican sus herramientas (para depredar sobre hormigas y termitas, así como en otros contextos como el de aseo/bienestar o el social) son nerviaciones y tallos de hojas. No obstante, Jane Goodall observó desde un principio que también utilizaban palitos para depredar sobre las hormigas, lo cual haría algo relativamente imprecisa la denominación de Sabater Pi de *cultura de las hojas*.

De este modo, las definiciones de Bill McGrew vistas anteriormente sobre la pesca de termitas y la recogida de hormigas, corresponden al método que utiliza regularmente *Pan troglodytes schweinfurthii*, que es la población en la que se observó esta técnica. Las observaciones de chimpancés fabricando y utilizando herramientas para pescar o recoger hormigas y termitas son numerosas constatando todas ellas las observaciones iniciales realizadas por Jane Goodall. No obstante, el uso y fabricación de herramientas para forrajear sobre insectos, también se lleva a cabo fuera del lugar habitual que representan los termiteros, hormigueros o las hileras de hormigas, llevándose a cabo la acción también cuando se encuentra a los insectos en ramas o huecos de los árboles.

Lo arraigado de la conducta en los chimpancés llevó a Jane Goodall a afirmar que «representa una tradición cultural primitiva que habría pasado de generación en generación», lo que es muy cierto en lo que concierne a la variable psicológica de la cultura (es decir: a la transmisión social); en los aspectos ecológicos, sin embargo, existen algunos contrastes internos dentro de las poblaciones del este africano. Por ejemplo, Toshisada Nishida y Shigeo Uehara estudiaron las poblaciones de las montañas Mahale en Tanzania durante los años ochenta del siglo xx, a las que denominaron como grupo K y grupo B. Mediante sus observaciones, se percataron de que mientras el grupo B fabricaba y utilizaba herramientas para pescar termitas, el grupo K nunca lo hacía, a pesar de que consumía termitas y de que fabricaba y utilizaba herramientas para pescar hormigas. Esta aparente subcultura encerraba una explicación ecológica, ya que si bien el grupo B utilizaba una conducta instrumental para pescar termitas, lo hacía de la especie más consumida por todos los chimpancés, *Macrotermes* spp, mientras que en el hábitat del grupo K, más húmedo, la especie de termita dominante es *Odontotermes* spp, la cual posee un método de defensa por el cual secreta una sustancia muy desagradable que lleva a los chimpancés del grupo K a evitar su consumo. El grupo K, además, consume otra especie de termita *Pseudocanthotermes* spp, para lo cual no fabrican ni utilizan herramientas, sino que se pueden permitir consumirlas destruyendo el termitero y cogiéndolas con la mano. Este aspecto (así como otros, como la marcada heterogeneidad de los climas locales o las diferencias entre las vegetaciones y el suelo de los dos hábitats) son los que explican, ecológica y no culturalmente, las diferencias existentes entre el grupo B y el grupo K de las montañas Mahale. Este método ecológico es el que se ha seguido para distinguir entre los comportamientos culturales y aquellos que no lo son dentro de las tres subespecies de chimpancé.

Los chimpancés del este de África también fabrican y utilizan herramientas para conseguir otros insectos, como las abejas, sus larvas y sus gusanos, así como su miel. Hay que destacar a los chimpancés del Parque Nacional Impenetrable de Bwindi, en Uganda, los cuales fabrican y utilizan distintos tipos de herramientas según la abeja tenga o no aguijón. Así, cuando quieren conseguir la miel de las abejas sin aguijón, utilizan palos cortos, cuya longitud contrasta abiertamente con la de los largos palos utilizados para conseguir la miel de las abejas con aguijón, que son, además, más agresivas.

Fig. 15. Un chimpancé se come una termita después de pescarla.

Como se ha señalado antes, solo existen dos observaciones de uso de herramientas en un contexto cinegético en los chimpancés. Una ya ha sido comentada anteriormente para la especie *Pan troglodytes verus*, y la otra fue observada en *Pan troglodytes schweinfurthii*, cuando una hembra de 12 años de edad de las montañas Mahale se ayudó de una rama modificada para provocar a una ardilla que se había escondido en el agujero de un árbol con la intención de hacerla salir. Cuando esta lo hizo, la hembra la agarró y con un mordisco en el cráneo la aniquiló, tras lo cual pudo consumirla tranquilamente.

Más regular parece el uso que los chimpancés del hábitat de sabana de Ugalla (Tanzania) hacen de ciertos palos, los cuales utilizan para excavar en la tierra y acceder a las raíces de algunas plantas. Este comportamiento parece haber tenido mucha importancia en la colonización de los hábitats de sabana por los primeros homínidos, así como para el desarrollo de su morfología dental. Según los autores de este estudio, dirigido por Adriana Hernández-Aguilar de la

Universidad del Sur de California, si las herramientas excavadoras de los primeros homínidos parecidos a los chimpancés (australopitecos y primeros *homo*) fueron utilizadas para extraer este tipo de recursos, tal industria habría estado compuesta, al igual que la de estos chimpancés de sabana, por implementos orgánicos relativamente frágiles, mínimamente modificados y poco o nada seleccionados. El carácter orgánico de los materiales, una vez más, habría impedido que tales instrumentos se conserven en los yacimientos arqueológicos. Sin embargo, a través del estudio de la conducta instrumental del chimpancé, podemos crear modelos que permitan inferir tal posibilidad de una manera heurísticamente válida.

Volviendo a las hojas, hay dos comportamientos instrumentales que merecen ser destacados. En el primero de ellos, los chimpancés de la comunidad de Sonso, en el Bosque de Budongo (Uganda), se sirven de hojas para inspeccionar más detenidamente a los ectoparásitos (pulgas o piojos) que obtienen de su propio cuerpo o del de otros miembros del grupo. La hoja es utilizada como plataforma sobre la que colocar al parásito y sus colores claros parecen ayudar a apreciar mejor las características de este, dado el detenido análisis que los chimpancés hacen del espécimen para comprobar si es aceptable como alimento. En otras poblaciones de chimpancés, como las de Gombe o el Bosque Tai, también se han observado formas de manejar y examinar ectoparásitos, pero las características especiales de los chimpancés del Bosque Budongo han hecho que los investigadores lo hayan propuesto como una variante cultural, aunque aún no se ha confirmado.

El otro comportamiento que envuelve el uso de hojas como herramientas fue descrito originalmente por Toshisada Nishida en un artículo de 1980, quien lo observó en la comunidad de Kasoje en las montañas Mahale (Tanzania). El nombre que se le dio fue el de «alarde del recorte de hojas» (*leaf-clipping display*), y consiste en que un chimpancé toma unas cuantas hojas sosteniéndolas por el peciolo entre el dedo pulgar y el índice, para a continuación comenzar a mordisquearlas y reducirlas a trocitos, lo cual produce un característico y sutil sonido. El comportamiento es ejecutado en un contexto social, pero en escenarios y con protagonistas diferentes: un macho adulto frente a una hembra en celo como muestra de posesión; un macho adolescente frente a una hembra como muestra de cortejo; una hembra en celo frente a un macho adolescente como una solicitud de cópula; o usado por machos y hembras indistintamente frente a observadores humanos como forma de pedirles comida. Nishida reconoció que se trataba de otro ejemplo de costumbre social, y que su origen podría estar probablemente en otros comportamientos que utilizasen hojas, a través de los cuales se habría llegado a él. En principio, solo fue observado en Mahale, aunque después se ha comprobado su presencia en otros lugares como Bossou en Guinea, el Bosque Tai en Costa de Marfil y Kibale y Budongo en Uganda. Nishida vio una esencia ritual, y puede ser, quizás, la única muestra de comportamiento simbólico que se ha observado en un animal no humano.

La conducta instrumental de *Pan troglodytes schweinfurthii* fue la primera en ser estudiada sistemáticamente, y, aún hoy en día, sigue reportando muchos ejemplos desconocidos (como el uso de hojas como plataforma examinadora para los ectoparásitos) y probablemente se seguirán descubriendo más, ya que junto a *Pan troglodytes verus* constituyen las dos subespecies que más se han investigado. Dado el amplio uso que hacen de las hojas y sus componentes como materias primas con las que fabricar sus herramientas, podemos hablar de una *tecnología foliar* y de una *cultura de las hojas*, aunque en muchas ocasiones sabemos que pueden utilizar también otros materiales, como palos.

Estudios en cautividad

Los estudios realizados sobre la conducta instrumental del chimpancé en estado cautivo (ya sea en experimentos u observaciones realizados en laboratorios o centros zoológicos y similares) son muy numerosos, y casi igualan a los que se han llevado a cabo en libertad. En este apartado, no obstante, he realizado una selección de los que, a mi juicio, son los más destacados y novedosos. Hay que señalar que en los estudios llevados a cabo en cautividad pocas veces se nombra la subespecie de chimpancé a la que pertenece el sujeto del estudio, indicándose solo la especie, *Pan troglodytes*, tal vez debido a la elevada dificultad de distinguir a las tres razas geográficas existentes a simple vista . Por este motivo, nos referiremos a los individuos como *Pan troglodytes*.

Bastante antes de que Jane Goodall llevara a cabo sus observaciones sistemáticas sobre el comportamiento instrumental de los chimpancés en libertad, Wolfgang Köhler ya lo había hecho con los experimentos que llevó a cabo en La Casa Amarilla de Tenerife entre 1913 y 1919 (una finca rural donde vivían varios individuos de *Pan troglodytes*) que fueron reunidos en una de las principales publicaciones sobre el comportamiento de estos primates: *The mentality of apes* (en castellano *Experimentos sobre la inteligencia en los chimpancés*). Köhler comprobó cómo los chimpancés eran capaces de resolver varios problemas que requerían la utilización de instrumentos, muchos de los cuales constituyen, hoy en día, algunos de los test más clásicos a la hora de estudiar la conducta instrumental de los primates no humanos. Por ejemplo, sometió a los chimpancés repetidas veces y con subsecuentes modificaciones a la prueba de «fuera de alcance» (*out of reach*) y que consiste, básicamente, en mostrar al chimpancé una recompensa alimenticia que se encuentra fuera de la jaula (y, por tanto, de su alcance directo con las manos) junto a un instrumento que le permita acercar la recompensa hasta poder cogerla. La variante más simple exige que el sujeto utilice un palo para arrastrar la comida (un racimo de plátanos, por ejemplo). Sin embargo, Köhler introdujo variaciones que requerían un mayor esfuerzo resolutivo, como ofrecer a los chimpancés algunas piezas que debían ser ensambladas para formar una herramienta y poder acercarse la recompensa, ya que por sí solas eran demasiado cortas como para funcionar correctamente. En otra versión de la prueba, en instalaciones exteriores y no en la jaula, lo que se hizo fue colgar los plátanos a cierta altura y colocar algunas cajas alrededor del objetivo. La solución del problema requería que los chimpancés apilaran las cajas unas encima de otras para llegar hasta los plátanos. Tanto en esta como en las anteriores versiones del problema, los chimpancés obtuvieron éxito e, incluso, aprendieron a utilizar otros objetos (piedras, rejas, tambores o alambres) a modo de herramientas sin intervención de los experimentadores, atribuyéndoles ellos la función instrumental.

Köhler observó también en estos años como los chimpancés de La Casa Amarilla utilizaban briznas de paja o palillos como extrañas cucharas con las que consumir gotitas de agua. Más importante parecen las observaciones en relación a la pesca de hormigas, que se adelantan en más de cuarenta años a las de Jane Goodall y otros investigadores, sin que ninguno de ellos haga referencia a lo presenciado por Köhler, quien lo relataba del siguiente modo:

> *En pleno verano, la isla de Tenerife se ve invadida por una variedad de hormigas de pequeño tamaño. Por las zonas de tránsito de este insecto puede verse una ancha faja marrón hormigueante; una de estas filas solía formarse en las vigas de madera de la verja de alambre que rodea el lugar donde se encuentran los animales. De entre todas las frutas, el chimpancé prefiere aquellas que tienen el sabor ácido; del mismo modo parece que el sabor ácido de las hormigas es de su gusto. Así, si acierta a pasar junto a una viga por la que corre una fila de hormigas, para ingerirlas, el animal se limita a sacar la lengua y pasarla por encima de los insectos. Sin embargo, este primitivo procedimiento no resultaba siempre practicable, ya que muchas veces las hormigas transitaban por la parte exterior de la madera, al otro lado de la verja. El resultado fue que, uno tras otro, la totalidad del grupo de chimpancés terminó por adoptar la técnica de sacar por entre la malla de alambre briznas de paja o palitos que apoyaban en la madera, de forma que en pocos segundos quedaban cubiertos de hormigas. Los animales se apresuraban, entonces, a reintroducir el instrumento en la jaula y llevárselo a la boca con el botín obtenido*

Sorprende e intriga que ninguna de las *estrellas* de la Primatología contemporánea haga referencia a las observaciones de Köhler, aunque sea solo para hacerle justicia histórica. Pero es que sus observaciones no acabaron ahí, sino que también presenció comportamientos como el uso de bastones para excavar la tierra y acceder a raíces, el uso de palos o trapos para limpiarse restos de excrementos, el uso de palos, también, para estocar a las gallinas de la finca o el clásico arrojamiento de piedras en contextos agonísticos. En general, Köhler fue un precursor en la descripción de los comportamientos instrumentales más tradicionales de los chimpancés, tanto de los que después se vería que se llevaban a cabo en libertad, como los que se desempeñaban en cautividad. Es por ello que su obra fue esencial en la formación de la Primatología como disciplina científica, pese al incomprensible olvido al que sus investigaciones se han relegado.

En cautividad, se ha observado también cómo los chimpancés llevan a cabo algunos de los comportamientos instrumentales que forman parte de su repertorio habitual en libertad, como la pesca de termitas en un termitero artificial o la fabricación de una esponja de hojas para conseguir agua alojada en algún recoveco que sería inaccesible de otro modo, lo que confirma lo observado en estado salvaje. En otros casos, se han descubierto patrones nuevos, como la fabricación y subsiguiente utilización de un palo en un contexto social de acicalamiento; en este trabajo, Bill McGrew y Caroline Tutin observaron, a principios de los años setenta del siglo xx, cómo tres miembros de un grupo de chimpancés, que se encontraban en el Centro Regional de Investigación Primate de Delta (Lousiana), comenzaban a acariciarse y toquetearse en un rutinario ejemplo de interacción social. Sin embargo, pronto observaron algo inédito, como fue que una hembra cogió un palito, al que despojó de ramitas y hojas, y comenzó a introducirlo en los dientes de un macho como si se tratara de un mondadientes, mientras una cría observaba atentamente el proceso. Posteriormente lo llevó a cabo en repetidas ocasiones y lo intentó con otros machos, aunque muchos no se lo permitieron. Poco más se sabe de este comportamiento, ya que no se ha observado en otros grupos, pero parece cumplir las funciones sociales comunes del acicalamiento y el espulgamiento; es decir que, probablemente, la hembra estuviera tratando de ganarse los favores del macho o hacer méritos para mejorar su situación social en la jerarquía del grupo.

Otras investigaciones llevadas a cabo en cautividad han explorado los factores que pueden influir en la aparición del uso de piedras para percutir frutos con cáscara dura. Así, se ha logrado saber que, en principio, lo que prima es el método del ensayo y error, para después pasar por fases en las que los individuos menos experimentados observan a los más doctos desempeñar la tarea, para después tratar de reproducir la acción observada; especialmente relevante parece la observación que los infantes hacen de sus madres, fundamental en la transmisión social del comportamiento.

El mismo tipo de estudios se llevó a cabo con la prueba de fuera de alcance, estudiándose a sujetos de diferente sexo, con diferentes historias de crecimiento (nacidos en libertad, criados en cautividad por la madre o criados en cautividad por un humano) y con distinta experiencia en el manejo de objetos. Aquí, un factor determinante parece ser el origen del sujeto, ya que los que habían nacido y habían pasado algunos años en libertad desempeñaban la acción mejor que los otros. Esto rebate la idea, muy extendida, de que los chimpancés criados en cautividad o por humanos tienen mejores aptitudes para la conducta instrumental, ya que la prueba a la que se les expuso es una de las más simples dentro del uso de herramientas y, sin embargo, los chimpancés criados en libertad la resolvieron mejor.

Del mismo modo, se ha analizado la posible comprensión de las relaciones causa-efecto en el uso de herramientas en chimpancés, sometiéndoles a la variante de la trampa de la prueba del tubo, igual que se hizo con los monos capuchinos (ver capítulo 6). Al igual que en los experimentos realizados con monos capuchinos, la prueba inicial consistía en sacar una recompensa alimenticia del tubo sin que cayera en la trampa colocada. Y también, como con los monos capuchinos, se quiso comprobar si, tal vez, estuviesen utilizando una táctica espacial (esto es: *introducir el palo por el extremo del tubo que más alejado esté de la recompensa*) para que, así, no cayera en la trampa. En este caso, lo que se hizo fue cambiar la posición de la trampa, poniéndola delante o detrás de la recompensa a diferentes distancias, por lo que ya no era útil la táctica anterior y debían de analizar la situación mentalmente. A tenor de los resultados, y a diferencia de los monos capuchinos, los chimpancés sí que parecían comprender las relaciones causales del problema, ya que apenas cometieron errores en resolver la modificación de la prueba. Estos resultados indican que los chimpancés imaginan el problema mentalmente antes de lanzarse a la resolución —dados los escasos errores cometidos— lo que es un claro síntoma de su amplio potencial cognitivo y su marcada inteligencia.

En general, los estudios llevados a cabo en cautividad confirman lo que se ha observado en estado salvaje o profundizan más en algunos aspectos que son muy difíciles de comprobar empíricamente en libertad, como, por ejemplo, la comprensión de las relaciones causa-efecto de los problemas. Otra cuenta pendiente de los estudios en cautividad, y también de los que se llevan a cabo en libertad, es la investigación del uso de metaherramientas, es decir, de la utilización de una herramienta para producir otra herramienta, algo que hemos visto que se ha investigado en el cuervo de Nueva Caledonia (ver capítulo 4). Son pocas las referencias que se tienen. Así, por ejemplo, la investigación que llevó a cabo el primatólogo Jean Kitahara-Frisch y su equipo y que se publicó en 1987. Durante su experimentación, observaron cómo dos chimpancés utilizaron una roca para sacar la comida que los científicos habían introducido en un hueso, y, después, usaron un fragmento de hueso, producto de los golpes recibidos, para cortar una piel artificial que se había colocado sobre un contenedor que escondía una bebida deseada. No obstante, los experimentos realizados con el bonobo Kanzi, así como la experimentación de Richard Wright con el orangután Abang, podrían considerarse como uso de metaherramientas.

La investigación de esta evolución de la conducta instrumental es de vital importancia, ya que, en teoría, la auténtica diferencia tecnológica entre la conducta instrumental del ser humano y el resto de los animales reside en este aspecto. Nosotros somos, *sensu estricto*, utilizadores y fabricadores de metaherramientas: coches, ordenadores, martillos, llaves, tarjetas, bolígrafos... los ejemplos, realmente, sobran.

El chimpancé cultural

El chimpancé es el animal no humano que más cerca se encuentra de la especie *Homo sapiens sapiens* en cuanto a capacidades instrumentales y culturales se refiere, y es por ello, que es el modelo de especie que la mayoría de los científicos prefieren como recurso comparativo con el que paliar las lagunas informativas de los yacimientos arqueológicos y reconstruir la conducta de los primeros homínidos. La ciencia tuvo las sospechas de que los chimpancés eran animales culturales relativamente pronto (finales de los setenta del siglo xx) aunque no fue hasta principios del nuevo milenio, con las publicaciones colectivas de *la créme de la créme* de la Primatología (Andrew Whiten, Jane Goodall, Christophe Boesch, Tetsuro Matsuzawa, Bill McGrew...) cuando estas intuiciones se confirmaron.

En estos estudios, los directores de investigación de las poblaciones de chimpancés más estudiadas (Assirik en Senegal, Bossou en Guinea, el Bosque Tai en Costa de Marfil, Lopé en Gabón, Mahale y Gombe en Tanzania y Kibale y Budongo en Uganda) trabajaron conjuntamente para determinar qué comportamientos de los chimpancés podrían ser culturales y cuáles no. Para ello, cada uno hizo acopio de todos los datos y observaciones en sus respectivas áreas de estudio, se buscaron nuevos datos cuando fue necesario y se compararon. El método para saber si un comportamiento era cultural consistía en catalogarlos según la frecuencia con la que aparecían en la población, y si tenía o no una explicación ecológica.

De este modo, crearon varias categorías con las que clasificar los comportamientos:

- *Tradicional*: patrones que se observan en todos los miembros del grupo o en los de cuerpo más grande de al menos un grupo de edad y sexo (por ejemplo: machos adultos).
- *Habitual:* patrones que no son tradicionales pero que han sido observados repetidamente en varios individuos, y en los que aparece consistentemente una transmisión social.
- *Presente:* patrones identificados claramente pero que no son tradicionales ni corrientes.
- *Ausente:* patrones no registrados en algunas poblaciones y para los que no existe explicación ecológica para su ausencia.
- *Explicación ecológica:* la ausencia o presencia del patrón se puede explicar por las características del medio local o por una restricción ecológica.
- *Desconocido:* patrones que no han sido registrados pero de los que no se puede estar seguro que su ausencia se deba a una insuficiencia en las oportunidades de observación.

Los autores clasificaron como culturales aquellos patrones de comportamiento que eran clasificados como *ausentes* sin *explicación ecológica* en al menos una comunidad, pero que alcanzaban el grado de *tradicional* o *habitual* en otra. Así, si un comportamiento era *tradicional* o *habitual* en una o más comunidades, *presente* en otras, en algunas podía explicarse por cuestiones ecológicas, pero en una de ellas estaba *ausente* sin *explicación ecológica*, era considerado cultural. Por ejemplo, los chimpancés del bosque Tai, en Costa de Marfil, utilizan pequeños instrumentos (ramas, palitos) para extraer el tuétano de los huesos de distintas presas (pequeños mamíferos). Es un comportamiento *tradicional* dentro de la población, pero los chimpancés de otras áreas africanas (centro-oeste y este de África) jamás han sido observados llevándolo a cabo, a pesar de que su hábitat cuenta con todos los recursos necesarios para poder hacerlo.

Así, recurriendo a la explicación más sencilla, solo cabe deducir que *Pan troglodytes verus*, en ese aspecto, tiene una cultura distinta a la de *Pan troglodytes troglodytes* y *Pan troglodytes schweinfurthii*. Probablemente, en una fecha indeterminable, los chimpancés del bosque Tai aprendieron a utilizar pequeñas herramientas para acceder al tuétano de los huesos y fueron transmitiendo el comportamiento a sucesivas generaciones. Un proceso similar, en forma, al que hace que en Occidente utilicemos cubiertos para comer y en el Extremo Oriente y el Magreb se usen, respectivamente, palillos o las manos.

Además, algunas conductas instrumentales, como el uso de bastones perforadores descritos por Jordi Sabater Pi no alcanzaron un grado cultural, por lo que la denominación del área de *Pan troglodytes troglodytes* (centro-oeste africano) como *cultura de los Bastones*, no sería del todo correcta. Otros comportamientos instrumentales, como el uso de esponjas de hojas para acceder al agua así como el sacudido de ramas y palos en contextos agonísticos, se consideraron universales, ya que aparecían en la inmensa mayoría de las poblaciones de chimpancés a nivel *tradicional* o *habitual*. Ni que decir tiene que si este método se aplicara a los seres humanos, las diferencias culturales serían muchas menos de las que son hoy en día entre unas poblaciones y otras.

Los patrones clasificados como culturales fueron 39, de los que 25 son instrumentales, como todos los tipos de uso de herramientas para machacar los frutos de cáscara dura, el comportamiento de machacar en mortero (*pestle-pounding behaviour*) o los distintos tipos de pesca y recogida de termitas y hormigas. Esta evidencia nos permite constatar el papel relevante que adquiere la conducta instrumental en la aparición de la cultura, lo que debió ser muy importante en nuestra evolución, desde nuestros primeros ancestros hasta *Homo sapiens sapiens*, puesto que las primeras culturas humanas son culturas tecnológicas.

Las capacidades culturales del chimpancé también han sido estudiadas experimentalmente, tanto en libertad como en cautividad. Este sentido tiene el trabajo experimental que la primatóloga Dora

Biro, de la Universidad de Oxford, y sus colaboradores realizaron en Bossou, en estado de libertad, a principios del nuevo milenio. Su diseño experimental consistió en introducir en esta población dos especies de frutos con cáscara (*Coula edulis* y *Panda oleosa*) que no se encuentran naturalmente en su hábitat pero sí en el de comunidades vecinas. Una de ellas, la que se encuentra disponible en comunidades más cercanas (*Coula edulis*), fue reconocida por una hembra del grupo, Yo, puesto que rápidamente se puso a la tarea de usar piedras para romper la cáscara mientras otros miembros del grupo observaban atentamente, lo cual hizo deducir que debía de ser una hembra emigrada de uno de los grupos vecinos donde se consumía esta especie. Ninguno de los miembros del grupo, por otro lado, intentó procesar el otro fruto (*Panda oleosa*), de cáscara más dura y que se encuentra disponible en comunidades más alejadas. Las conclusiones del trabajo fueron que, dado que la hembra del chimpancé es la que abandona el grupo original para emigrar a otros, el agente de la difusión cultural lo constituyan, probablemente, las hembras. También, que el aprendizaje observacional es fundamental a la hora de que una población adquiera nuevos patrones conductuales, ya que muchos miembros del grupo de Yo dejaron de machacar los frutos que normalmente consumían para hacerlo en los que Yo lo hacía, lo que podría ser resultado tanto de una reacción ante la novedad como de la percepción de que se trataba de un recurso limitado, puesto que no era común en el hábitat del grupo. Por último, la conclusión más general fue que «mediante la inmigración, la transmisión social y la subsecuente *educación* a través de generaciones, las distintas comunidades vecinas de chimpancés pueden llegar a formar *zonas culturales*, caracterizadas por la posesión de ciertas tradiciones conductuales compartidas». Lo que se indica es el modo en el que pueden surgir las diferencias culturales entre unas zonas y otras, a partir de la interacción entre comunidades vecinas. No obstante, la conclusión tampoco parece desdeñable para interpretar el surgimiento de las diferencias culturales entre las poblaciones humanas.

Otra cuestión es el efecto trinquete (ver capítulo 2), que puede ser, junto al simbolismo, uno de los aspectos que distinga la cultura humana de la no humana. Las observaciones de que esta característica esté presente en la cultura no humana son poquísimas y están limitadas a los chimpancés. Por ejemplo, se ha observado como los chimpancés del oeste africano han mejorado su técnica de percusión, utilizando una tercera piedra como cuña en la que apoyar el yunque hasta conseguir un ángulo adecuado para producir el golpe contra el fruto con cáscara.

Pero, en otras ocasiones, se han realizado experimentos que han arrojado resultados negativos sobre el tema, como por ejemplo en el experimento de Sarah Marshall-Pescini y Andrew Whiten que se publicó en 2008. En él, se mostraba a varios chimpancés dos métodos distintos de conseguir miel de un aparato diseñado para la ocasión. En el primero, simplemente tenían que sujetar una pequeña trampilla con un dedo mientras que con la otra mano insertaban una varilla que pringaban de miel para ser consumida; en el segundo, con la varilla debían de echar para atrás un pequeño pestillo, lo que les permitía levantar la tapa y acceder a toda la miel del contenedor. Como es obvio, el segundo método es mucho más eficaz y productivo. Sin embargo, los chimpancés, una vez que aprendieron el primer método, no cambiaron al segundo, a pesar de que es una estrategia más eficiente. Este conservadurismo parece una evidencia en contra de que exista una evolución cultural acumulativa en los chimpancés, aunque como reconocieron los investigadores, quizás el aprendizaje del segundo método era demasiado difícil para ser aprendido por los sujetos del estudio, que tenían entre 2 y 7 años de edad.

Particularmente, pienso que el efecto trinquete no debería intentar comprobarse con experimentaciones a corto plazo, ya que es sobre todo a largo plazo donde se hace más evidente. Por ejemplo, la primera cultura lítica de la humanidad, la olduvayense, permaneció inalterada, sin ningún cambio acumulativo, durante más un millón de años, por lo que parece precipitado exigir que en menos de cincuenta años de observaciones sistemáticas realizadas sobre los chimpancés se hayan tenido pruebas de cambios acumulativos. Es en la continuidad de las investigaciones en libertad donde se encuentra la clave para verificar que exista o no un efecto trinquete en las culturas chimpancés, aunque los experimentos a corto plazo pueden resultar beneficiosos a la hora de afrontar tal problemática. Es por este motivo, por el que el efecto trinquete no me parece una diferencia esencial entre la cultura humana y la cultura no humana, ya que el estado de la investigación es muy primario para sacar conclusiones firmes al respecto, decantándome por el simbolismo como auténtico límite entre las dos formas de cultura que existen en nuestro planeta.

Resumiendo toda la información sobre los chimpancés manejada y analizada, podemos realizar algunas afirmaciones. Primero, que, por ahora, la capacidad cultural solo ha sido demostrada inequívocamente en ellos y en algunas aves y peces, estando en otras especies de primates (orangután, monos capuchinos) o de mamíferos (cetáceos) cuestionada. También, que el chimpancé es el primate cuya conducta instrumental se asemeja más a la nuestra, dado el amplio catálogo de comportamientos existentes, así como por la flexibilidad y la regularidad mostrada en su desempeño y el variado número de contextos en el que aparece. De aquí se desprende que *Pan troglodytes* siga siendo la especie de primate no humano más adecuada para crear modelos que ayuden a reconstruir la conducta que tuvieron nuestros ancestros evolutivos, sin menoscabar por ello la idoneidad de utilizar también otras especies, como los otros grandes simios o los monos capuchinos para el mismo fin.

10. EPÍLOGO:
LA EVOLUCION ES MÁS QUE (HU)MANOS

Hace tres años, en 2009, se conmemoró por todo el mundo el bicentenario del nacimiento de Charles Darwin, quien, por un mero capricho de la historia (no olvidemos que Alfred Wallace, coetáneo de Darwin, también contribuyó en gran medida a conformar la teoría de la evolución) y por conocer a más gente y escribir más libros, ha llegado hasta nosotros como el padre de la teoría de la evolución. Es necesario recordar que el desafío histórico que supusieron los planteamientos e hipótesis de Darwin y el resto de defensores del evolucionismo pasa muchas veces desapercibido en nuestra época actual.

La teoría de la evolución despojó a Dios de su papel de creador de la Tierra y todos los seres vivos y procesos biológicos y geológicos que habitan y se dan en ella; un rol que venía disfrutando desde que la humanidad comenzó a utilizar el pensamiento abstracto. Dios pasó de ser algo innegable e indubitable a ser una simple, pero profunda, cuestión de fe: su reino se resquebrajó, y, pese a la rabiosa y chirriante oposición de las creencias religiosas y sus representantes terrenales, fue derrumbándose poco a poco, al menos aparentemente y para los sectores de la sociedad contemporánea que tenían acceso a la educación.

Y digo en apariencia porque todavía hoy, en el siglo XXI, la sociedad occidental —para la que la ciencia, en el sentido más ilustrado del término, constituye una herramienta indispensable de avance y progreso—, por mucho que se lo expliquen en primaria, secundaria, bachillerato o, incluso, la universidad, no acepta plenamente la teoría de la evolución. Así, en una encuesta que llevó a cabo en 10 países el British Council por motivo del bicentenario del científico inglés, y cuyos resultados difundió la BBC en 2009[27], se comprobó que en países occidentales como Estados Unidos, Reino Unido o España el darwinismo convive todavía con teorías de tipo creacionista (esto es: que la Tierra y todo lo que existe en ella fue creado por una entidad superior de poder infinito, llámese Dios o diseñador inteligente). En España, el 48% de los encuestados creen que en las clases de ciencia solo debe enseñarse el darwinismo, mientras que un 38% piensa que deberían enseñarse otras *teorías* sobre el origen de la vida; en Reino Unido es peor, pues el 60% afirma que junto a las teorías evolucionistas deberían enseñarse otras; Estados Unidos le anda a la zaga en porcentajes a Reino Unido, aunque allí es, incluso, peor: no solo porque algunos políticos (en su inmensa mayoría republicanos) defienden que se enseñe el creacionismo en las escuelas públicas junto al darwinismo, sino porque, *de facto*, ya se hace en algunas escuelas privadas, y en algunos estados (Florida, Missouri, Michigan, Luisiana, Carolina del Sur y Alabama) se han sacado adelante medidas legislativas para que no se castigue a los profesores que deseen enseñar a sus alumnos el creacionismo junto al darwinismo.

Este último caso, el de Estados Unidos, llega a ser tan espeluznante como cómico. Quien haya visto el documental ideado y presentado por el biólogo (y ateo militante), Richard Dawkins, «¿La raíz de todo mal?» (*Root of all evil?*) recordará el momento en el que Dawkins y su equipo tienen que salir corriendo de una convención de cristianos protestantes fundamentalistas, quienes, después de reconocer la naturaleza evolucionista del documental, les persiguen, lanzándoles incluso algún objeto, al grito de *Dices que mi hijo es un mono*. Por la buena salud de la disparidad de opiniones, reconoceré que las teorías creacionistas son legítimas, pero, científicamente, son bastante peregrinas, inverosímiles e incontrastables; tanto que no se puede presentar más prueba para defenderlas que la Biblia o cualquier otro texto sagrado.

Pero para disgusto de los creacionistas, Darwin y sus sucesores alegaron muchas más pruebas para defender su teoría,

---

[27] http://www.elmundo.es/elmundo/2009/10/26/ciencia/1256559267.html

y hoy no puede cabernos ninguna duda de que los humanos somos animales, somos primates, y ello se manifiesta tanto en nuestra biología como en nuestra conducta. En este sentido, la conducta instrumental no humana (del mismo modo que la cultura o las sociedades no humanas) es una prueba más a favor de la teoría de la evolución, pues permite observar claramente el origen biológico de una de nuestras destrezas (de los humanos) más insignes. A los animales nadie nos enseñó a utilizar y fabricar herramientas, sino que fue el medio ambiente, nuestras capacidades cognitivas, nuestra anatomía y el azar quienes nos obligaron a desarrollar esta beneficiosa capacidad y poder explotarla con todo provecho. Algo en lo que los humanos, por contingencia biológica, geológica e histórica, destacamos por encima del resto de animales.

No obstante, la evolución no es solo uso y fabricación de herramientas, y, como hemos visto, el uso y fabricación de herramientas no descansa necesariamente en el hecho de poseer manos; no podemos olvidar, asimismo, que la evolución no es, ni mucho menos, un asunto exclusivamente humano. De hecho, el ser humano es una pequeñísima parte de la evolución…, ya que el planeta lo habitan otra gran cantidad de terrícolas; terrícolas en los que la genética funciona del mismo modo que en nosotros; terrícolas a los que Hefesto brindó también el don de la conducta instrumental.

Porque no lo olvidemos, ni siquiera la sociedad (y sus vicios y virtudes) es un invento humano, por mucho que nos duela o alivie.

Apéndice 1. Definiciones clásicas y recientes sobre cultura en antropología sociocultural.

Referencia	Definición
Tylor (1958)	«La cultura, o civilización (...) es todo aquello que incluye el conocimiento, las creencias, el arte, la ley, la moral, la costumbre y otras capacidades y hábitos adquiridos por el hombre como miembro de la sociedad»
Mead (1961)	«La cultura significa todo el complejo del comportamiento tradicional que ha sido desarrollado por la raza humana y sucesivamente aprendida por cada generación»
Malinowski (1969)	«La cultura consiste en todo el conjunto integral de implementos y bienes de consumo, estatutos constitucionales de los distintos grupos sociales, y de las ideas, oficios, creencias y costumbres humanas»
Kroeber (1948)	«El montón de reacciones motoras aprendidas y transmitidas, los hábitos, técnicas, ideas y valores –y el comportamiento que inducen- es lo que constituye la cultura. La cultura es un producto especial y exclusivo de los hombres»

Bock (1977)	«Cultura incluye todas las expectativas, modos de ver, creencias o acuerdos que influyen en el comportamiento de los miembros de un grupo humano. No es necesario que estas ideas compartidas sean conscientes, pero siempre se transmiten por medio del aprendizaje social y constituyen un conjunto de soluciones para resolver los problemas de adaptación a que se enfrenta toda sociedad humana»
Harris (2003)	«Cultura es el conjunto aprendido de tradiciones y estilos de vida, socialmente adquiridos, de los miembros de una sociedad, incluyendo sus modos pautados y repetitivos de pensar, sentir y actuar (es decir, su conducta)»
Kottak (2002)	«La cultura es aprendida y transmitida de una generación a la siguiente mediante el proceso de enculturación. Solo los humanos tienen el aprendizaje cultural dependiente de los símbolos. Los humanos pueden pensar simbólicamente; es decir, pueden atribuir un significado arbitrario a una cosa o a un hecho. Los símbolos tienen significados y valores particulares para las personas que comparten una misma cultura»

Apéndice 2. Definiciones sobre el uso de herramientas.

Referencia	Definición
Hall (1963)	«La utilización por parte de un animal de un objeto u otro organismo vivo como medio por el que lograr una ventaja ha sido comúnmente planteado como una indicación de inteligencia adaptativa. El objeto utilizado, por definición, tienen que ser algo extraño al equipamiento corporal del animal, y su uso permite al mismo extender el alcance de sus movimientos o incrementar su rendimiento»
Van Lawick-Goodall (1970)	«La utilización de un objeto externo como una extensión funcional de la boca o el pico, la mano o la garra, en la consecución de una meta inmediata. Esta meta puede estar relacionada con la obtención de comida, el cuidado del cuerpo o la repulsa de un depredador, un intruso, etc...»
Alcock (1972)	«La manipulación de un objeto inanimado, no producido internamente, que tiene el efecto de mejorar el rendimiento del animal en alterar la posición o forma de algún objeto separado»

Sabater Pi (1975)	«La modificación y el uso de objetos naturales para ser empleados como herramientas, como el simple empleo de las mismas"
Parker y Gibson (1977)	«El uso de herramientas es una forma compleja de manipulación de objetos dirigida a conseguir una meta, implicando la manipulación de un objeto (la herramienta), que no forme parte del equipamiento anatómico del actor y que no esté sujeto a un sustrato, para cambiar la posición, acción o la condición de otro objeto (...) Implica el uso de una herramienta para transformar un objeto»
Beck (1980)	«El uso de herramientas es el empleo externo de un objeto ambiental suelto para alterar más eficientemente la forma, posición o condición de otro objeto, otro organismo o el mismo usuario, cuando este sostiene o lleva la herramienta durante o inmediatamente antes de utilizarla y es responsable de la orientación correcta y efectiva de la herramienta»
Veá y Clemente (1988)	«Podemos considerar la conducta instrumental como el uso de un objeto para conseguir un determinado fin, de modo que el uso de este objeto (instrumento) aumenta la eficiencia del individuo para alcanzar este fin»
Boesch y Boesch (1990)	«Para ser clasificado como herramienta un objeto debe ser sostenido en la mano, el pie o la boca y utilizado de manera que permita al operador alcanzar una meta inmediata»

Jalles-Filho et al (2001)	«Una herramienta se concibe mejor como un programa mental que genera una interacción particular de un objeto con el medio para implementar efectos externos anticipados»
Amant y Horton (2008)	«El uso de herramientas es el esfuerzo de control sobre un objeto externo, libre y manipulable (la herramienta) con la meta de (1) alterar las propiedades físicas de otro objeto, sustancia, superficie o medio (el objetivo, que puede ser el usuario u otro organismo) a través de una dinámica de interacción mecánica, o (2) mediante un flujo de información entre el usuario y el medio, o entre el usuario y otros organismos que se hallen en el medio»
Shumaker, Walkup y Beck (2011)	«El uso de herramientas es el empleo de un objeto ambiental suelto, o inmóvil pero manipulable, para alterar más eficientemente la forma, posición o condición de otro objeto, otro organismo o el mismo usuario, cuando este sostiene y manipula la herramienta directamente durante o inmediatamente antes de utilizarla y es responsable de la orientación correcta y efectiva de la herramienta»

Apéndice 3. Definiciones de cultura material en antropología y arqueología.

Referencia	Definición
Binford (1962)	«La cultura material puede y de hecho representa la estructura total de un sistema cultural (...) Tenemos que ser capaces de distinguir aquellos elementos relevantes, que tienen su contexto primario funcional en los subsistemas social, tecnológico e ideológico del sistema total cultural, de los del resto del conjunto de los artefactos. No deberíamos equiparar a la cultura material con la tecnología»
Schlereth (1985)	«Lo que es útil, por lo tanto, acerca del término *cultura material* es que nos sugiere una fuerte relación entre los objetos físicos y el comportamiento humano (...) Siempre hay una cultura detrás del material»
Lemmonier (1986)	«El estudio de las relaciones entre la cultura material y la sociedad se convierte en el estudio de las condiciones de coexistencia y de las recíprocas transformaciones del sistema técnico y de la organización socioeconómica»

Hodder (1988)	«La cultura material es un reflejo indirecto de la sociedad humana. Aquí empezamos a vislumbrar que son las ideas, creencias y los significados los que se interponen entre la gente y las cosas (...) Mirar objetos así, por sí solos, no es en absoluto arqueología (...) La cultura material actúa sobre la comunidad humana de una forma social; la acción solo puede tener lugar en un marco social de creencias, conceptos y disposiciones»
García-Raso (2010)	«La cultura material es todo aquello que nos ayuda a reconstruir y/o descifrar culturalmente una sociedad a través de su materialidad y las relaciones conductuales y cognitivas que con ella mantiene»

BIBLIOGRAFÍA

ALCOCK, J. (1972): "The evolution of the use of tools by feeding animals", *Evolution*, 26 (3).

ALP, R. (1993): "Meat eating and ant dipping by wild chimpanzees in Sierra Leone", *Primates*, 34 (4): 463-468.

AMANT, R. Y HORTON, T. E. (2008): "Revisiting the definition of animal tool use", *Animal Behaviour*, 75 (4).

ANDERSON, J. R. (1985): "Development of tool-use to obtain food in a captive group of *Macaca tonkeana*", *Journal of Human Evolution*, 14 (7): 637-645.

ANDERSON, J. R. Y STOPPA, F. (1991): "Incorporating objects into sequences of aggression and self-aggression by *Macaca arctoides*: an unusual form of tool use?", *Laboratory Primate Newsletter*, 30 (3).

ANDERSON, J. R., WILLIAMSON, E. A. Y CARTER, J. (1983): "Chimpanzees of Sapo Forest, Liberia: density, nests, tools and meat-eating", *Primates*, 24 (4): 594-601.

ANTINUCCI, F. Y VISALBERGHI, E. (1986): "Tool use in *Cebus apella*: a case study", *International Journal of Primatology*, 7 (4): 351-363.

ASSERSOHN, C., WHITEN, A., KIWEDE, Z. T., TINKA, J. Y KARAMAGI, J. (2004): "Use of leaves to inspect ectoparasites in wild chimpanzees: a third cultural variant?", *Primates*, 45 (4): 255-258.

BARBER, J. T., ELLGAARD, E. G., THIEN, L. B. Y STACK, A. E. (1989): "The use of tools for food transportation by the imported fire ant, *Solenopsis invicta*", *Animal Behaviour*, 38 (3): 550-552.

BEATTY, H. (1951): "A note on the behavior of the chimpanzee", *Journal of Mammalogy*, 32 (1).

BECK, B. B. (1972): "Tool use in captive hamadryas baboons", *Primates*, 13 (3).

BECK, B. B. (1973): "Cooperative tool use by captive hamadryas baboons", *Science*, 182 (4112).

BECK, B. B. (1976): "Tool use by captive pigtailed macaques", *Primates*, 17 (3).

BECK, B. B. (1980): *Animal tool behavior. The use and manufacture of tools by animals*, Garland STPM Press, New York.

BECK, B. B. (1982): "Chimpocentrism: bias in cognitive ethology", *Journal of Human Evolution*, 11(1).

BERMEJO, M., ILLERA, G. Y SABATER PI, J. (1989): "New observations on the tool-behavior of chimpanzees from Mt. Assirik (Senegal, West Africa)", *Primates*, 30 (1): 65-73.

BERNARDI, G. (2011): "The use of tools by wrasses (*Labridae*)", *Coral Reefs*, 30 (3): 865.

BINFORD, L. R. (1962): "Archaeology as anthropology", *American Antiquity*, 28 (2).

BOCK, P. K. (1977): *Introducción a la moderna antropología cultural*, Fondo de Cultura Económica, México D. F.

BOESCH, C. (1993): "Teaching among wild chimpanzees", Animal Behaviour, 41(3): 530-532.

BOESCH, C. (2003): "Is culture a golden barrier between human and chimpanzee?", *Evolutionary Anthropology*, 12 (2): 82-91.

BOESCH, C. Y BOESCH, H. (1981): "Sex differences in the use of natural hammers by wild chimpanzees: a preliminary report", *Journal of Human Evolution*, 10 (7): 585-593.

BOESCH, C. Y BOESCH, H. (1983): "Optimisation of nut-cracking with natural hammers by wild chimpanzees", *Behaviour*, 3-4: 265-286.

BOESCH, C. Y BOESCH, H. (1984a): "Mental map in wild chimpanzees: an analysis of hammer transports for nut cracking", *Primates*, 25 (2): 160-170.

BOESCH, C. Y BOESCH, H. (1984b): "Possible causes of sex differences in the use of natural hammers by wild chimpanzees", *Journal of Human Evolution*, 13 (5): 415-440.

BOESCH, C. Y BOESCH, H. (1990): "Tool use and tool making in wild chimpanzees", *Folia Primatologica*, 54 (1-2): 86-99.

BOESCH, C. Y BOESCH, H. (1993): "Diversity of tool use and tool making in wild chimpanzees", en *The use of tools by human and non-human primates*, Berthelet, A. Y Chavaillon, J. (eds), Oxford University Press, New York.

BOESCH, C. Y TOMASELLO, M. (1998): "Chimpanzee and human cultures", *Current Anthropology*, 39 (5): 591-614.

BOESCH, C., MARCHESI, P., MARCHESI, N., FRUTH, B., Y JOULIAN, F. (1994): "Is nut-cracking in wild chimpanzees a cultural behavior?", *Journal of Human Evolution*, 26 (4): 325-338.

BOINSKI, S. (1988): "Use of a club by a wild White-faced capuchin (*Cebus capucinus*) to attack a venomous snake (*Bothrops asper*)", *American Journal of Primatology*, 14 (2): 177-179.

BORTOLINI, T. S. Y BICCA-MARQUES, J. C. (2007): "A case of spontaneous tool-making by a captive capuchin monkey", *Neotropical Primates*, 14 (2): 74-76.

BRENT, L., BLOOMSMITH, M. A. Y FISHER, S. D. (1995): "Factors determining tool-using ability in two captive chimpanzee (*Pan troglodytes*) colonies", *Primates*, 36 (2): 265-274.

BREUER, T., NDOUNDOU-HOCKEMBA, M. Y FISHLOCK, V. (2005): "First observation of tool use in wild gorillas", *PLos Biology*, 3 (11): 2041-2043.

BUDIANSKY, S. (2001): *Si los animales hablaran...no les entenderíamos. La evolución de la conciencia y la inteligencia*, Ateles Editores, Madrid.

BYRNE, R. A.; BURGHARDT, G. M. Y KUBA, M. J. (2010): "A new method for study problem solving and tool use in stingrays (*Potamotrigon castexi)*", *Animal Cognition*, 13 (3): 507-513.

BYRNE, R. W., BARNARD, P. J., DAVIDSON, I., JANIK, V. M., McGREW, W. C. MIKLÓSI, A. Y WIESSNER, P. (2004): "Understanding culture across species", *Trends in Cognitive Science*, 8 (8): 341-346.

CALL, J. (1996): "El uso y fabricación de instrumentos en los primates. Un enfoque multidisciplinar", en *Etología, psicología comparada y comportamiento animal*, Colmenares, F. (ed), Síntesis, Madrid, 483-514.

CARVALHO, S., CUNHA, E., SOUSA, C. Y MATSUZAWA, T. (2008): "Chaînes opératoires and resource-exploitation strategies in chimpanzee (*Pan troglodytes*) nut cracking", *Journal of Human Evolution*, 55 (1): 148-163.

CARVALHO, S., BIRO, D., McGREW, W. C. Y MATSUZAWA, T. (2009): "Tool-composite reuse in wild chimpanzees (*Pan troglodytes*): archaeologically invisible steps in the technological evolution of early hominins?, *Animal Cognition*, Supplement Issue 1 "The Chimpanzee Mind": 103-114.

CHAPPELL, J. Y KACELNIK, A. (2002): "Tool selectivity in a non primate, the New Caledonian crow (*Corvus moneduloides*)", *Animal Cognition*, 5 (2): 71-78.

CHAPPELL, J. Y KACELNIK, A. (2004): "Selection of tool diameter by New Caledonian crows, *Corvus moneduloides*", *Animal Cognition*, 7 (2): 121-127.

CHEVALIER-SKOLNIKOFF, S. (1990): "Tool use by wild *Cebus* monkeys at Santa Rosa National Park, Costa Rica", *Primates*, 31 (3): 375-383.

CHIANG, M. (1967): "Use of tools by wild macaque monkeys in Singapore", *Nature*, 214 (5094): 1258-1259.

CLASTRES, P. (1967): "El arco y el cesto", *Alcor*, 44-45: 207-230.

COLELL, M. Y SEGARRA, M. D. (1997): "Conducta cultural", en *Etología: bases biológicas de la conducta animal y humana*, Peláez del Hierro, F. Y Veá J. J. (eds), Ediciones Pirámide, Madrid, 157-186.

COLMENARES, F. (1991): "Greeting, aggression, and coalitions between male baboons: demographic correlates", *Primates*, 32 (4): 453-463.

COLMENARES, F. (2005): "De laberintos sociales y de cómo salir de ellos: inteligencia social", en *Existo, luego pienso. Los primates y la evolución de la inteligencia humana*, Guillén-Salazar, F. (ed), Ateles Editores, Madrid, 75-128.

DARWIN, C. (2004 [1871]): *The descent of man, and selection in relation to sex*, Penguin, London.

DE WAAL, F. Y LANTING, F. (1998): *Bonobo. The forgotten ape*, University of California Press, Berkeley.

DE WAAL, F. (1992): "Intentional deception in primates", *Evolutionary Anthropology*, 1 (3): 86-92.

DOMÍNGUEZ-RODRIGO, M. (1994): *El origen del comportamiento humano*, Librería Tipo, Madrid.

DUCOING, A. M. Y THIERRY, B. (2005): "Tool-use learning in tonkean macaques (*Macaca tonkeana*)", *Animal Cognition*, 8 (2): 103-113.

FERNANDES, M. E. B. (1991): "Tool use and predation of oysters (*Crassostrea rhizophorae*) by the tufted capuchin, *Cebus apella apella*, in brackish water mangrove stamp", *Primates*, 32 (4): 529-531.

FINN, J., TREGENZA, T. Y NORMAN, M. D. (2009): "Defensive tool use in a coconut-carrying octopus", *Current Biology*, 19 (2): 1069-1070.

FOSSEY, D. (1985): *Gorilas en la niebla. 13 años viviendo entre los gorilas*, Salvat, Barcelona.

FOWLER, A. Y SOMMER, V. (2007): "Subsistence technology of nigerian chimpanzee", *International Journal of Primatology*, 28 (3): 997-1023.

FRAGASZY, D. M., VISALBERGHI, E. Y FEDIGAN, L. M. (2004): *The complete capuchin. The biology of the genus Cebus*, Cambridge University Press, Cambridge.

FRAGASZY, D., IZAR, P., VISALBERGHI, E., OTTONI, E. B. Y De OLIVEIRA, M. G. (2004): "Wild capuchin monkeys (*Cebus libinidosus*) use anvils and Stone pounding tools", *American Journal of Primatology*, 64 (4): 359-366.

GALDIKAS, B. M. F. (1982a): "Orang-utan tool-use at Tanjung Putting Reserve, Central Indonesian Borneo (Kalimantan Tengah)", *Journal of Human Evolution*, 11 (1): 19-33.

GALDIKAS, B. M. F. (1982b): "An unusual instance of tool-use among wild orang-utans in Tanjung Putting Reserve, Indonesian Borneo", *Primates*, 23 (1): 138-139.

GALEF, B. G. Jr. (1992): "The question of animal culture", *Human Nature*, 3 (2): 157-178.

GARCÍA-RASO, D. (2010): "De la basura a las nuevas tecnologías. Base bibliográfica para un estudio de cultura material contemporánea", *Arqueoweb*, 12.

GEISSMANN, T. (2009): "Door slamming: tool-use by a captive white-handed gibbon (*Hylobates lar*)", *Gibbon Journal*, 5: 53-60.

GÓMEZ, J. C. (1989): "La comunicación y la manipulación de objetos en crías de gorila", *Estudios de Psicología*, 38: 111-128.

GÓMEZ, J. C. (2005): "Humpty-Dumpty y el eslabón perdido: sobre la evolución del lenguaje a partir de la comunicación en los primates", en *Existo, luego pienso. Los primates y la evolución de la inteligencia humana*, Guillén-Salazar, F. (ed), Ateles Editores, Madrid, 147-169.

GOODALL, J. (1964): "Tool-using and aimed throwing in a community of free-living chimpanzees", *Nature*, 201(4926).

GOODALL, J. (1986): *En la senda del hombre*, Salvat, Barcelona.

GRIFFIN, D. R. (1992): *Animal minds*, The University of Chicago Press, Chicago.

HALL, K. R. L. (1963): "Tool-using performances as indicators of behavioral adaptability", *Current Anthropology*, 4 (5).

HALL, K. R. L. Y SCHALLER, G. B. (1964): "Tool-using behavior of the California sea otter", *Journal of Mammalogy*, 45 (2): 287-298.

HAMILTON III, W. J., BUSKIRK, R. E. Y BUSKIRK, W. H. (1975): "Defensive stoning by baboons", *Nature*, 256 (5517): 488-489.

HANNAH A. C. Y McGREW, W. C. (1987): "Chimpanzees using stones to crack open oil palm nuts in Liberia", *Primates*, 28 (1): 31-46.

HARRIS, M. (2001): *Introducción a la antropología general*, Alianza Editorial, Madrid.

HARRIS, M. (2003): *Antropología cultural*, Alianza Editorial, Madrid.

HARRIS, M. (2007): *Teorías sobre la cultura en la era posmoderna*, Crítica, Barcelona.

HART, B. L. Y HART, L. A. (1994): "Fly switching by Asian elephants: tool use to control parasites", *Animal Behaviour*, 48 (1): 35-45.

HART, B. L., HART, L. A., McCOY, M. Y SARATH, C. R. (2001): "Cognitive behavior in Asian elephants: use and modification of branches for fly switching", *Animal Behaviour*, 62 (5): 839-847.

HASHIMOTO, C., FURUICHI, T. Y TASHIRO, Y. (2000): "Ant dipping and meat eating by wild chimpanzees in the Kalinzu Forest, Uganda", *Primates*, 41 (1): 103-108.

HAYASHI, M., MIZUNO, Y. Y MATSUZAWA, T. (2005): "How does Stone-tool use emerge? Introduction of stones and nuts to naïve chimpanzees in captivity", *Primates*, 46 (2): 91-102.

HEBDIGE, D. (2004): *Subcultura. El significado del estilo*, Paidós, Barcelona.

HERNÁNDEZ-AGUILAR, R. A., MOORE, J. Y PICKERING, T. R. (2007): "Savanna chimpanzees use tools to harvest the underground storage organs of plants", *Proceedings of the National Academy of Science*, 104 (49): 19210-19213.

HICKS, T. C., FOUTS, R. S. Y FOUTS, D. H. (2005): "Chimpanzee (*Pan troglodytes troglodytes*) tool use in the Ngotto Forest, Central African Republic", *American Journal of Primatology*, 65 (3): 221-237.

HODDER, I. (1988): *Interpretación en arqueología. Corrientes actuales*, Crítica, Barcelona.

HOHMANN, G. (1988): "A case of simple tool use in liontailed macaques (*Macaca silenus*)", *Primates*, 29 (4): 565-567.

HUFFMAN, M. A. (1984): "Stone-play of *Macaca fuscata* in Arashiyama B troop: transmission of a non-adaptive behavior", Journal of Human Evolution, 13 (8).

HUFFMAN, M. A. Y SEIFU-KALUNDE, M. (1993): "Tool-assisted predation on a squirrel by a female chimpanzee in the Mahale Mountains, Tanzania", *Primates*, 34 (1): 93-98.

HUMLE, T. Y MATSUZAWA, T. (2002): "Ant-dipping among the chimpanzees of Bossou, Guinea, and some comparisons with other sites", *American Journal of Primatology*, 58 (3): 133-148.

HUNT, G. R. (1996): "Manufacture and use of hook-tools by New Caledonian crows", *Science*, 379 (6562): 249-251.

HUNT, G. R. Y GRAY, R. D. (2004): "Direct observations of pandanus-tool manufacture and use by a New Caledonian crow (*Corvus moneduloides*)", *Animal Cognition*, 7 (2): 114-120.

INOUE-NAKAMURA, N. Y MATSUZAWA, T. (1997): "Development of Stone tool use by wild chimpanzees (*Pan troglodytes*)", *Journal of Comparative Psychology*, 111 (2): 159-173.

ITANI, J. Y SUZUKI, A. (1967): "The social unit of chimpanzees", *Primates*, 8 (4): 355-381.

JALLES-FILHO, E., TEIXEIRA Da CUNHA, R. G. Y SALM, R. A. (2001): "Transport of tools and mental representation: is capuchin monkey tool behaviour a useful model of Plio-Pleistocene hominid technology?", *Journal of Human Evolution*, 40 (5): 365-377.

JENSEN, K., CALL, J. Y TOMASELLO, M. (2007): "Chimpanzees are vengeful but not spiteful", *Proceedings of the National Academy of Science*, 104 (32): 3531-3535.

JONES, C. Y SABATER PI, J. (1969): "Sticks used by chimpanzees in Rio Muni, West Africa", *Nature*, 223 (5201): 100-101.

JORDAN, C. (1982): "Object manipulation and tool-use in captive pygmy chimpanzees (*Pan paniscus*)", *Journal of Human Evolution*, 11 (1): 35-39.

KANO, T. (1980): "Social behavior of wild pygmy chimpanzees (*Pan paniscus*) of Wamba: a preliminary report", *Journal of Human Evolution*, 9 (4): 243-260.

KANO, T. (1982): "The use of leafy twigs for rain cover by the pygmy chimpanzees of Wamba", *Primates*, 23 (3): 453-457.

KITAHARA-FRISCH, J. (1991): "Culture and primatology: East and West", en *The monkeys of Arashiyama*, Fedigan, L. Y Asquit, P. (eds), State University New York Press, Albany, 74-80.

KITAHARA-FRISCH, J. Y NORIKOSHI, K. (1982): "Spontaneous sponge making in captive chimpanzees", *Journal of Human Evolution*, 11 (1): 41-47.

KITAHARA-FRISCH, J., NORIKOSHI, K. Y HARA, K. (1987): "Use of a bone fragment as a step towards secondary tool use in captive chimpanzee", *Primate Report*, 18, (citado en Tomasello Y Call, 1997).

KÖHLER, W. (1989 [1921]): *Experimentos sobre la inteligencia de los chimpancés*, Editorial Debate, Madrid.

KOOPS, K., McGREW, W. C. Y MATSUZAWA, T. (2010): "Do chimpanzees (*Pan troglodytes*) use cleavers and anvils to fracture *Treculia africana* fruits? Preliminary data on a new form of percussive technology", *Primates*, 51 (2): 175-178.

KORTLAND, A. (1962): "Chimpanzees in the wild", *Scientific American*, 206 (5): 128-138.

KORTLAND, A. Y HOLZHAUS, E. (1987): "New data on the use of stone tools by chimpanzees in Guinea and Liberia", *Primates*, 28 (4): 473-496.

KOSKI, S. E., KOOPS, K. Y STERCK, H. M. (2007): "Reconciliation, relationship quality and postconflict anxiety: testing the Integrated Hypothesis in captive chimpanzees", *American Journal of Primatology*, 69 (2): 158-172.

KOTTAK, C. P. (2002): *Antropología cultural*, McGraw Hill, Madrid.

KROEBER, A. L. (1948): *Anthropology*, Harcourt, Brace and World Inc, New York.

KROEBER, A. L. Y KLUCKHOHN, C. (1952): *Culture: a critical review of concepts and definitions*, Museum, Cambridge-Massachusets.

KUHN, T. S. (2000): *La estructura de las revoluciones científicas*, Fondo de Cultura Económica, México D. F.

KUMMER, H. (1984): "From laboratory to desert and back: a social systems of hamadryas baboons", *Animal Behaviour*, 32 (4): 965-971.

LALAND, K. N. Y HOPPIT, W. (2003): "Do animals have culture?, *Evolutionary Anthropology*, 12 (3): 150-159.

LALAND, K. V. Y JANIK, V. M. (2006): "The animal cultures debate", *Trends in Ecology and Evolution*, 21 (10): 542-547.

LANCASTER, J. B. (1968): "On the evolution of tool-using behavior", *American Anthropologist*, 70 (1): 56-66.

LEMONNIER, P. (1986): "The study of material culture today: toward an anthropology of technical systems", *Journal of Anthropological Archaeology*, 5.

LETHMATE, J. (1982): "Tool-using skills of orang-utans", *Journal of Human Evolution*, 11 (1): 49-64.

LEVEY, D. J., DUNCANT, R. S. Y LEVINS, C. F. (2004): "Use of a dung as a tool by burrowing owls", *Nature*, 431 (7004): 39.

LIMONGELLI, L., BOYSEN, S. T. Y VISALBERGHI, E. (1995): "Comprehension of cause-effect relations in a tool-using task by chimpanzees (*Pan troglodytes*)", *Journal of Comparative Psychology*, 109 (1): 18-26.

LINDSHIELD, S. M. Y RODRIGUES, M. A. (2009): "Tool use in wild spider monkeys (*Ateles geoffroyi*)", *Primates*, 50 (2): 269-272.

LONSDORF, E. V., ROSS, S. R., LINICK, S. A., MILSTEIN, M. S. Y MELBER, T. N. (2009): "An experimental, comparative investigation of tool use in chimpanzees and gorillas", *Animal Behaviour*, 77 (5): 1119-1126.

LYNCH-ALFARO, J. W., DE SOUSA E SILVA Jr, J. Y RYLANDS, A. B. (2012): "*How different are robust and gracile capuchin monkeys? An argument for the use of Sapajus and Cebus*", American Journal of Primatology, 74 (4): 273-286.

MACHIDA, S. (1990): "Standing and climbing a pole by members of a captive group of Japanese macaques", *Primates*, 31 (2): 291-298.

MALINOWSKI, B. (1960): *A scientific theory of culture and other essays*, Oxford University Press, New York.

MANN, J., SARGEANT, B. L., WATSON-CAPPS, J. J., GIBSON, Q. A., HEITHAUS, M. R. CONNOR, R. C.; PATTERSON, E. (2008): "Why dolphins carry sponges?", *PLos ONE*, 3 (12).

MATSUZAWA, T. (1994): "Field experiments on use of Stone tools by chimpanzees in the wild", en *Chimpanzee Cultures*, Wrangham, R. W., McGrew, W. C., De Waal, F. B. M. Y Heltne, P. (eds), Harvard University Press, Cambridge, 351-370, (citado en Whiten et al, 2003).

McGREW, W. C. (1974): "Tool use by wild chimpanzees in feeding upon driver ants", *Journal of Human Evolution*, 3 (6): 501-508.

McGREW, W. C. (1992): *Chimpanzee material culture. Implications for human evolution*, Cambridge University Press, Cambridge.

McGREW, W. C. (1993): "The intelligent use of tools: twenty propositions", en *Tools, language and cognition in human evolution*, Gibson, K. R. Y Ingold, T. (eds), Cambridge University Press, Cambridge, 151-170.

McGREW, W. C. Y TUTIN, C. E. G. (1973): "Chimpanzee tool use in dental grooming", *Nature*, 241 (5390): 477-478.

McGREW, W. C., TUTIN, C. E. G. Y BALDWIN, P. J. (1979): "Chimpanzees, tools, and termites: cross-cultural comparisons of Senegal, Tanzania, and Rio Muni", *Man*, 14 (2): 185-214.

McGREW, W. C., BALDWIN, P. J., MARCHANT, L. F., PRUETZ, J. D., SCOTT, S. D. Y TUTIN, C. E. G. (2003): "Ethoarchaeology and elementary technology of unhabituated wild chimpanzees at Assirik, Senegal, West Africa", *Paleoanthropology*, 1: 1-20.

McGREW, W. C., PRUETZ, J. D. Y FULTON, S. J. (2005): "Chimpanzee use tools to harvest social insects at Fongoli, Senegal", *Folia Primatologica*, 76 (4): 222-226.

MEAD, M. (1961): *Cooperation and competition among primitive peoples*, Beacon Press, Boston.

MENDES, F. D. C., MARTINS, L. B. R., PEREIRA, J. A. Y MARQUEZAN, R. F. (2000): "Fishing with a bait: a note on behavioural flexibility in *Cebus apella*", *Folia Primatologica*, 71 (5): 350-352.

MENDES, N., HANUS, D. Y CALL, J. (2007): "Raising the level: orangutans use water as a tool", *Biology Letters*, 3 (5): 453-455.

MERCADER, J., PANGER, M. Y BOESCH, C. (2002): "Excavation of a chimpanzee stone tool site in the african rainforest", *Science*, 296 (5572): 1452-1455.

MERCADER, J., BARTON, H., GILLESPIE, J., HARRIS, J., KUHN, S., TYLER, R. Y BOESCH, C. (2007): "4.300-Year-old chimpanzee sites and the origins of percussive stone technology", *Proceedings of the National Academy of Science*, 104 (9): 3043-3048.

MERFIELD, F. Y MILLER, H. (1957): *Gorillas were my neighbours*, The Companion Book Club, London, (citado en Veá Y Clemente, 1988).

MITANI, J. C., WATTS, D. P. Y MULLER, M. N. (2002): "Recent developments in the study of wild chimpanzee behavior", *Evolutionary Anthropology*, 11 (1): 9-25.

MORROGH-BERNARD, H. C. (2008): "Fur-rubbing as a form of self medication in *Pongo pygmaeus*", *International Journal of Primatology*, 29 (4).

MOURA, A. C. De A. Y LEE, P. C. (2004): "Capuchin Stone tool use in Caatinga dry forest", *Science*, 306 (5703): 1909.

MOURA, A. C. De A. (2007): "Stone banging by wild capuchin monkeys: an unusual auditory display", *Folia Primatologica*, 78 (1): 36-45.

NAGELL, K., OLGUIN, R. S. Y TOMASELLO, M. (1993): "Processes of social learning in the tool use of chimpanzees (*Pan troglodytes*) and human children (*Homo sapiens*)", *Journal of Comparative Psychology*, 107 (2): 174-186.

NAKAMICHI, M. (1998): "Stick throwing by gorillas (Gorilla gorilla gorilla) at the San Diego wild animal park", *Folia Primatologica*, 69 (5): 291-295.

NAKAMICHI, M. (1999): "Spontaneous use of sticks as tools by captive gorillas (*Gorilla gorilla gorilla*)", *Primates*, 40 (3): 487-498.

NAKAMICHI, M. (2004): "Tool-use and tool-making by captive, group-living orangutans (*Pongo pygmaeus abelii*) at an artificial termite mound", *Behavioural Processes*, 65 (1): 87-93.

NASH, V. J. (1982): "Tool use by captive chimpanzees at an artificial termite mound", *Zoo Biology*, 1 (3): 211-221.

NATALE, F., POTI, P. Y SPINOZZI, G. (1988): "Development of tool use in a macaque and a gorilla", *Primates*, 29 (3): 413-416.

NEWMYER, S. T. (2005): "Tool use in animals: ancient and modern insights and moral consequences", *Scholia*, 14 (1).

NISHIDA, T. (1973): "The ant-gathering behavior by the use of tools among wild chimpanzees of the Mahali Mountains", *Journal of Human Evolution*, 2 (5): 357-370.

NISHIDA, T. (1987): "Local traditions and cultural transmission", en *Primate societies*, Smutts, B. B., Cheney, D. L., Seyfarth, R. M., Wrangham, R. W. Y Struhsaker, T. T. (eds), University of Chicago Press, Chicago, 462-474.

NISHIDA, T. Y UEHARA, S. (1980): "Chimpanzees, tools, and termites: another example from Tanzania", *Current Anthropology*, 21 (5): 671-672.

OSVATH, M. Y OSVATH, H. (2008): "Chimpanzee (*Pan troglodytes*) and orangutan (*Pongo abelii*) forethought: self-control and pre-experience in the face of future", *Animal Cognition*, 11 (4).

OTTONI, E. B. E IZAR, P. (2008): "Capuchin monkey tool use: overview and implications", *Evolutionary Anthropology*, 17 (4): 171-178.

OTTONI, E. B., De RESENDE, B. D. E IZAR, P. (2005): "Watching the best nutcrackers: what capuchin monkeys (*Cebus apella*) know about others´ tool-using skills", *Animal Cognition*, 8 (4): 215-219.

PARKER, S. T. Y GIBSON, K. R. (1977): "Object manipulation, tool use and sensorimotor intelligence as feeding adaptations in *Cebus* monkeys and Great Apes", *Journal of Human Evolution*, 6 (7).

PARKS, K. A. Y NOVAK, M. A. (1993): "Observations of increased activity and tool use in captive Rhesus monkeys exposed to troughs of water", *American Journal of Primatology*, 29 (1): 13-25.

PERRY, S. Y MANSON, J. H. (2003): "Traditions in monkeys", *Evolutionary Anthropology*, 12 (2): 71-81.

PHILLIPS, K. A. (1998): "Tool use in wild capuchin monkeys (*Cebus albifrons trinitatis*)", *American Journal of Primatology*, 46 (3): 259-261.

POUYDEBAT, E., BERGE, C., GORCE, P. Y COPPENS, Y. (2005): "Use and manufacture of tools to extract food by captive *Gorilla gorilla gorilla*: experimental approach", *Folia Primatologica*, 76 (3): 180-183.

PRUETZ, J. D. Y BERTOLANI, P. (2007): "Savanna chimpanzees, *Pan troglodytes verus*, hunt with tools", *Current Biology*, 17 (5): 412-417.

ROMANES, G. (1892): *Animal intelligence*, Appleton, New York, (citado en Beck, 1980).

ROWE, N. (1996): *The pictorial guide to the living primates*, Pogonias Press, Charleston.

RUSSON, A. E. Y GALDIKAS, B. M. F. (1993): "Imitation in free-ranging rehabilitant orangutans (*Pongo pygmaeus*)", *Journal of Comparative Psychology*, 107 (2): 147-161.

SABATER PI, J. (1972): "Bastones fabricados y usados por los chimpancés de las montañas de Okorobikó (Río Muni), Rep. Guinea Ecuatorial", *Ethnica. Revista de Antropología*, 4.

SABATER PI, J. (1974a): "An elementary industry of the chimpanzees in the Okorobikó mountains, Rio Muni (Republic of Equatorial Guinea) West Africa", *Primates*, 15 (4).

SABATER PI, J. (1974b): "Protoculturas materiales e industrias elementales de los chimpancés en la naturaleza", *Ethnica. Revista de Antropología*, 7.

SABATER PI, J. (1975): "Aportación al estudio de la conducta de los chimpancés en la naturaleza y su trascendencia en la problemática evolutiva de los primates", *Anuario de Psicología*, 13 (1).

SABATER PI, J. (1984): *Gorilas y chimpancés del África occidental*, Fondo de Cultura Económica, México.

SABATER PI, J. (1985): *Etología de la vivienda humana. De los nidos de gorilas y chimpancés a la vivienda humana*, Labor Universitaria, Barcelona.

SABATER PI, J. (1992): *El chimpancé y los orígenes de la cultura*, Anthropos, Barcelona.

SANTOS, L. R., MILLER, C. T. Y HAUSER, M. D. (2003): "Representing tools: how two non-human primate species distinguish between the functionally relevant and irrelevant features of a tool", *Animal Cognition*, 6 (4): 269-281.

SANTOS, L. R., MAHAJAN, N. Y BARNES, J. L. (2005): "How prosimian primates represent tools: experiments with two lemur species (*Eulemur fulvus* and *Lemur catta*)", *Journal of Comparative Psychology*, 119 (4): 394-403.

SANTOS, L. R., PEARSON, H. M., SPAEPEN, G. M., TSAO, F. Y HAUSER, M. D. (2006): "Probing the limits of tool competence: experiments with two non-tool-using species (*Cercopithecus aethiops* and *Saguinus Oedipus*)", *Animal Cognition*, 9 (2): 94-109.

SANZ, C. M. Y MORGAN, D. B. (2009): "Flexible and persistent tool-using strategies in honey-gathering by wild chimpanzees", *International Journal of Primatology*, 30 (3): 411-427.

SAVAGE, T. Y WYMANN, J. (1844): "Observations on the external characters and habits of the *Troglodytes niger Geoff*. and on its organization", *Boston Journal of Natural History*, 4, (citado en Veá Y Clemente, 1988).

SAVAGE-RUMBAUGH, S. Y LEWIN, R. (1994): *Kanzi. The ape at the brink of the human mind*, Doubleday, Londres.

SCHICK, K. D. Y TOTH, N. (1994): *Making silent stones to speak: human evolution and the dawn of technology*, Simon Y Schuster, New York.

SCHLERETH, T. J. (1985): "Material culture and cultural research", en *Material culture. A guide research*, Ed. Schelereth, T. J., Kansas University Press, Kansas.

SERRALLONGA, J. (1994): "*Homo faber*, el fin de un mito. Etología y Prehistoria, una aproximación al Presente para reconstruir el Pasado del *útil*", *Pyrenae*, 25.

SERRALLONGA, J. (2005): "No estamos solos: australopitecos y chimpancés habilidosos", en *Existo, luego pienso. Los primates y la evolución de la inteligencia humana*, Guillén-Salazar, F. (ed), Ateles Editores, Madrid.

SEYFARTH, R. M. Y CHENEY, D. L. (2003): "Signalers and receivers in animal communication", *Annual Review of Psychology*, 54 (1).

SHERROW, H. M. (2005): "Tool use in insect foraging by the chimpanzees of Ngogo, Kibale National Park, Uganda", *American Journal of Primatology*, 65 (4): 377-383.

SHUMAKER, R. W., WALKUP, K. R. Y BECK, B. B. (2011): *Animal tool behavior. The use and manufacture of tools by animals (Revised and updated edition)*, The Johns Hopkins University Press, Baltimore.

SHUSTER, G. Y SHERMAN, P. W. (1998): "Tool use by naked mole-rats", *Animal Cognition*, 1 (1): 71-74.

SINHA, A. (1997): "Complex tool manufacture by a wild bonnet macaque, *Macaca radiata*", *Folia Primatologica*, 68 (1): 23-25.

SPAULDING, B. Y HAUSER, M. D. (2005): "What experience is required for acquiring tool competence? Experiments with two callitrichids", *Animal Behaviour*, 70 (3): 517-526.

STANFORD, C. B. (1999): *The hunting apes. Meat eating and the origins of human behavior*, Princeton University Press, Princeton.

STANFORD, C. B. (1998): "The social behavior of chimpanzees and bonobos. Empirical evidence and shifting assumptions", *Current Anthropology*, 39 (4): 399-420.

STANFORD, C. B., GAMBANEZA, C., KKURUNUNGI, J. B. Y GOLDSMITH, M. L. (2000): "Chimpanzees in Bwindi-Impenetrable National Park, Uganda, use different tools to obtain different types of honey", *Primates*, 41 (3): 337-341.

STERLING, E. J. Y POVINELLI, D. J. (1999): "Tool use, Aye-Ayes, and sensorimotor intelligence", *Folia Primatologica*, 70 (1): 8-16.

STOINSKI, T. S. Y BECK, B. B. (2001): "Spontaneous tool use in captive, free-ranging Golden Lion Tamarins (Leontopithecus rosalia rosalia)", *Primates*, 42 (4): 319-326.

STRINGER, C. Y ANDREWS, P. (2005): *The complete world of human evolution*, Thames and Hudson, London.

STRUHSAKER, T. (1975): *The red colobus monkeys*, University of Chicago Press, Chicago, (citado en Beck, 1980).

SUGIYAMA, Y. (1968): "Social organization of chimpanzees in the Budongo Forest, Uganda", *Primates*, 9 (3): 225-258.

SUGIYAMA, Y. (1985): "The brush-stick of chimpanzees found in south-west Cameroon and their cultural characteristics", *Primates*, 26 (4): 361-374.

SUGIYAMA, Y. Y KOMAN, J. (1979): "Tool-using and making behavior in wild chimpanzees at Bossou, Guinea", *Primates*, 20 (4): 513-524.

SUMITA, K., KITAHARA-FRISCH, J. Y NORIKOSHI, K. (1985): "The acquisition of Stone-tool use in captive chimpanzees", *Primates*, 26 (2): 168-181.

SUZUKI, S., KURODA, S. Y NISHIHARA, T. (1995): "Tool-set for termite-fishing by chimpanzees in the Ndoki Forest, Congo", *Behaviour*, 132 (3-4): 219-235.

TAYLOR, A. H., HUNT, G. R., HOLZHAIDER, J. C. Y GRAY, R. D. (2007): "Spontaneous metatool use by New Caledonian Crow", *Current Biology*, 17 (17): 1504-1507.

TEBBICH, S. Y BSHARY, R. (2004): "Cognitive abilities related to tool use in the woodpecker finch, *Cactospiza pallida*", *Animal Behaviour*, 67 (4): 689-697.

TELEKI, G. (1974): "Chimpanzee subsistence technology: materials and skills", Journal of Human Evolution, 3 (6): 575-594.

TOKIDA, E., TANAKA, I., TAKEFUSHI, H. Y HAGIWARA, T. (1994): "Tool-using in Japanese macaques: use of stones to obtain fruit from a pipe", *Animal Behaviour*, 47 (5): 1023-1030.

TOMASELLO, M. Y CALL, J. (1997): *Primate cognition*, Oxford University Press, New York.

TOMASELLO, M., KRUGER, A. C. Y RATNER, H. H. (1993): "Cultural learning", *Behavioral and Brain Sciences*, 16 (3): 495-552.

TORIGOE, T. (1985): "Comparison of object manipulation among 74 species of non-human primates", *Primates*, 26 (2).

TOTH, N., SCHICK, K. D., SAVAGE-RUMBAUGH, E. S., SEVCIK, R. A. Y RUMBAUGH, D. M. (1993): "Pan the tool-maker: investigations into the stone tool-making and tool-using capabilities of a bonobo (*Pan paniscus*)", *Journal of Archaeological Science*, 20 (1): 81-91.

TUTIN, C. E. G., HAM, R. Y WROGEMAN, D. (1995): "Tool-use by chimpanzees (*Pan troglodytes troglodytes*) in the Lopé Reserve, Gabon", *Primates*, 36 (2): 181-192.

TYLOR, E. B. (1958 [1871]): *Primitive culture*, Harper, New York.

UENO, Y. Y FUJITA, K. (1998): "Spontaneous tool use by a tonkean macaque (*Macaca tonkeana*)", *Folia Primatologica*, 69 (5): 318-324.

URBANI, B. (1998): "An early report on tool use by neotropical primates", *Neotropical Primates*, 6 (4), (citado en Fragaszy, Visalberghi Y Fedigan, 2004).

VAN LAWICK-GOODALL, J. (1970): "Tool-using in primates and other vertebrates", en *Advances in the study of the behavior* (Vol 3), Lehrman, D. S., Hinde, R. A. Y Shaw, E. (eds), Academic Press, New York.

VAN LAWICK-GOODALL, J. Y VAN LAWICK-GOODALL, H. (1966): "Use of tools by the Egyptian Vulture, *Neophron percnopterus*", *Nature*, 212 (5069): 1468-1469.

VAN LAWICK-GOODALL, J., VAN LAWICK, H. Y PACKER, C. (1973): "Tool-use in free-living baboons in the Gombe National Park, Tanzania", *Nature*, 241 (5386): 212-213.

VAN SCHAIK, C. P., FOX, E. A. Y SITOMPUL, A. F. (1996): "Manufacture and use of tools in wild Sumatran orangutans", *Naturwissenschaften*, 83 (4): 186-188.

VAN SCHAIK, C. P., DEANER, R. O.; MERRILL, M. Y. (1999): "The conditions for tool use in primates: implications for the evolution of material culture", *Journal of Human Evolution*, 36 (6).

VAN SCHAIK, C. P., ANCRENAZ, M., BORGEN, G., GALDIKAS, B., KNOTT, C. D., SINGLETON, I., SUZUKI, A., SRI SUCI, U. Y MICHELLE, M. (2003a): "Orangutan cultures and the evolution of material culture", *Science*, 299 (5603): 102-105.

VAN SCHAIK, C. P., FOX, E. A. Y FECHTMAN, L. T. (2003b): "Individual variation in the rate of use of tree-hole tools among wild orang-utans: implications for hominin evolution", *Journal of Human Evolution*, 44 (1): 11-23.

VEÁ, J. Y CLEMENTE, I. (1988): "Conducta instrumental del chimpancé (*Pan troglodytes*) en su hábitat natural", *Anuario de Psicología*, 39 (2).

VERDERANE, M. P., FALOTICO, T., RESENDE, B. D., LABRUNA, M. B., IZAR, P.; OTTONI, E. B. (2007): "Anting in semi-free ranging group of *Cebus apella*", *International Journal of Primatology*, 28 (1).

VISALBERGHI, E. Y LIMONGELLI, L. (1994): "Lack of comprehension of cause-effect relations in tool-using capuchin monkeys (*Cebus apella*)", *Journal of Comparative Psychology*, 108 (1): 15-22.

VISALBERGHI, E. Y TRINCA, L. (1989): "Tool use in capuchin monkeys: distinguising between performing and understanding", *Primates*, 30 (4): 511-521.

VISALBERGHI, E., ADDESSI, E., TRUPPA, V., SPAGNOLETTI, N., OTTONI, E. B., IZAR, P. Y FRAGASZY, D. (2009): "Selection of effective stone tools by wild bearded capuchin monkeys", *Current Biology*, 19 (3): 213-217.

VISALBERGHI, E., FRAGASZY, D., OTTONI, E. B., De OLIVEIRA, M. G. Y ANDRADE, F. R. D. (2007): "Characteristics of hammer stones and anvils used by wild bearded capuchin monkeys (*Cebus libinidosus*) to crack open palm nuts", *American Journal of Physical Anthropology*, 132 (3): 426-444.

WAGA, I. C., DACIER, A. K., PINHA, P. S. Y TAVARES, M. C. H. (2006): "Spontaneous tool use by wild capuchin monkeys (*Cebus libinidosus*) in the Cerrado", *Folia Primatologica*, 77 (5): 337-344.

WALLACE, A. R. (1869): *The Malay archipelago*, Harper, New York, (citado en Beck, 1980).

WARREN, J. M. (1976): "Tool use in mammals", en *Evolution of brain and behaviour in vertebrates*, Masterton, R., Bitterman, M., Campbell, C. Y Hotton, N. (eds), Lawrence Erlbaum Associates, Hillsdale-New York, 407-424.

WATTS, D. P., MULLER, M., AMSLER, S. J. MBABAZI, G. Y MITANI, J. C. (2006): "Lethal intergroup aggression by chimpanzees in Kibale National Park, Uganda", *American Journal of Primatology*, 68 (2): 161-180.

WESTERGAARD, G. C. (1988): "Lion-tailed macaques (*Macaca silenus*) manufacture and use tools", *Journal of Comparative Psychology*, 102 (2): 152-159.

WESTERGAARD, G. C. (1995): "The stone-tool technology of capuchin monkeys: possible implications for the evolution of symbolic communication in hominids", *World Archaeology*, 27 (1): 1-9.

WESTERGAARD, G. C. Y FRAGASZY, D. M. (1987): "The manufacture and use of tools by capuchin monkeys (*Cebus apella*)", *Journal of Comparative Psychology*, 101 (2): 159-168.

WESTERGAARD, G. C. Y SUOMI, S. J. (1993): "Use of a tool-set by a capuchin monkey", *Primates*, 34 (4): 459-462.

WESTERGAARD, G. C. Y SUOMI, S. J. (1994a): "The use and modification of bone tools by capuchin monkeys", *Current Anthropology*, 35 (1): 75-77.

WESTERGAARD, G. C. Y SUOMI, S. J. (1994b): "A simple stone-tool technology in monkeys", *Journal of Human Evolution*, 27 (4): 399-404.

WESTERGAARD, G. C. Y SUOMI, S. J. (1995a): "The production and use of digging tools by monkeys: a nonhuman primate model of a hominid subsistence activity", *Journal of Anthropological Research*, 51 (1): 1-8.

WESTERGAARD, G. C. Y SUOMI, S. J. (1995b): "The manufacture and use of bamboo tools by monkeys: possible implications for the development of material culture among East Asian hominids", *Journal of Archaeological Science*, 22 (5): 677-681.

WHITEN, A. Y MILNER, P. (1984): "The educational experiences of Nigerian infants", en *Nigerian children: development perspectives*, Valerie Curran, H. (ed), Routledge Y Kegan Paul, London, 34-73, (citado en Boesch, 1993b).

WHITEN, A., HORNER, V. Y MARSHALL-PESCINI, S. (2003): "Cultural panthropology", *Evolutionary Anthropology*, 12 (2): 92-105.

WORCH, E. A. (2001): "Simple tool use by a red-tailed monkey (*Cercopithecus ascanius*) in Kibale Forest, Uganda", *Folia Primatologica*, 72 (5): 304-306.

WRANGHAM, R. W. (1987): "The significance of African apes for reconstructing human social evolution", en *The evolution of human behavior: primate models*, Kinzey, W. (ed), State University of New York Press, Albany, 51-71.

WRIGHT, R. V. S. (1972): "Imitative learning of a flaked stone technology-The case of an orangutan", *Mankind*, 8 (4): 296-306.

WYNN, T. (1993): "Layers of thinking in tool behavior", en *Tools, language and cognition in human evolution*, Gibson, K. R. Y Ingold, T. (eds), Cambridge University Press, Cambridge, 389-405.

YAMAGIWA, J., YUMOTO, T., NDUNDA, M. Y MARUHASHI, T. (1988): "Evidence of tool-use by chimpanzees (*Pan troglodytes schweinfurthii*) for digging out a bee-nest in the Kahuzi-Biega National Park, Zaire", *Primates*, 29 (3): 405-411.

YAMAKOSHI, G. Y MYOWA-YAMAKOSHI, M. (2004): "New observations of ant-dipping techniques in wild chimpanzees at Bossou, Guinea", *Primates*, 45 (1): 25-32.

YAMAKOSHI, G. Y SUGIYAMA, Y. (1995): "Pestle-pounding behavior of wild chimpanzees at Bossou, Guinea: a newly observed tool-using behavior", *Primates*, 36 (4): 489-500.

YERKES, R. (1979 [1916]): *The mental life of monkeys and apes*, Delman, New York.

AGRADECIMIENTOS

En primer lugar, quisiera expresar mi más sincera gratitud a Jaime Almansa Sánchez, editor de este libro, que siempre ha mostrado un sincero interés en mi trabajo y mis propuestas editoriales, y con el que espero poder seguir trabajando en el futuro. Del soberbio trabajo de mi gran amigo Marcos Huete Ortega han salido la imagen de la cubierta de este trabajo, así como las figuras 9 y 10; por ello, me veo gustosamente obligado a darle las gracias. No menos importante son los conocimientos que dos grandes científicos, Manuel Domínguez Rodrigo y Fernando Colmenares Gil, tuvieron a bien transmitirme, ni el feroz espíritu crítico que otra gran investigadora, Almudena Hernando Gonzalo, supo inocularme. Asimismo, este ejercicio de divulgación no podría haber sido tal como es sin mi trabajo de voluntario en el Centro de Rescate de Primates Rainfer, en el que a lo largo de dos años pude tener contacto directo con un buen número de primates no humanos y mejorar y aumentar mi conocimiento teórico y práctico en Primatología. Por último, y no por ello menos importante, estoy en eterna deuda con mi hermano Ramón, mi hermana Arantxa, Raquel y mis verdaderos amigos y amigas (ellos y ellas saben quienes son) por aguantarme con estoicismo y hacerme partícipe de sus inquietudes con debates a gritos o en voz baja.

También quisiera dar las gracias a los investigadores que han tenido a bien consentirnos usar sus imágenes para ilustrar este libro, pues sin ellos y sus estudios tampoco habría sido posible.

ÍNDICE DE FIGURAS

Fig.1: Las variables en el estudio de la cultura
Creación propia
30

Fig .2: Esquema de los dos tipos de cultura y sus diferencias
Creación propia
36

Fig. 3: Secuencia de hormigas utilizando granos de arena para transportar miel
The use of tools for food transportation by the imported fire ant, Solenopsis invicta, Animal Behaviour – J. Barber
55

Fig. 4: El cuervo de Nueva Caledonia en acción
Manufacture and use of hook-tools by New Caledonian crows, Nature - Gavin R. Hunt
61

Fig. 5: Reconstrucción del experimento del uso de metaherramientas por el cuervo de Nueva Caledonia
Spontaneous metatool use by New Caledonian crows, Current Biology, - Alex Taylor & Gavin R. Hunt
62

Fig. 6: Hora de comer para la nutria marina; obsérvese la piedra utilizada a modo de yunque
http://commons.wikimedia.org/wiki/File:Sea_Otteruses_a_rock_to_break_a_shell_open_2.jpg
66

Fig. 7: Un elefante selecciona y arranca la rama adecuada para utilizarla como espantamoscas
Cognitive behavior in Asian elephants: use and modification of branches for fly switching, Animal Behaviour - B. L. Hart
68

Fig. 8: Un individuo de la especie *Cebus libidinosus* en plena acción machacadora
Characteristics of hammer stones and anvils used by wild bearded capuchin monkeys (Cebus libidinosus) to crack open palm nuts, American Journal of Physical Anthropology - Elisabetta Visalberghi
83

Fig. 9: Las distintas situaciones y soluciones de la prueba del tubo
Creación propia
91

Fig. 10: El replanteamiento de la prueba del tubo
Creación propia
92

Fig. 11: Imagen de Buschi antes de acometer la resolución de la prueba y esquema de la misma
Tool using skills of orangutans, Journal of Human Evolution - Jürgen Lethmate:
116

Fig. 12: Las herramientas fabricadas y utilizadas por los orangutanes de Suaq Balimbing
Manufacture and use of tools in wild Sumatran orangutans, Naturwissenschaften, Carel P. van Schaik
119

Fig. 13: Un gorila ante la prueba diseñada por el equipo de investigación en el que colaboró Yves Coppens
Use and manufacture of tools to extract food by captive Gorilla gorilla gorilla: experimental approach - Emmanuelle Pouydebat
125

Fig. 14: Una cría de chimpancé utilizando martillo de madera sobre yunque de madera
Disney's Nature
143

Fig. 15: Un chimpancé se come una termita después de pescarla
http://animal.discovery.com/mammals/chimpanzee/
157

ÍNDICE

1. Introducción: Más allá del ordenador	1
2. Antropocentrismo, antropomorfismo y la polémica sobre la cultura	7
3. Definición y origen de la conducta instrumental	38
4. No solo los mamíferos: invertebrados, peces y aves	54
5. Garras, patas, boca o trompa: mamíferos no primates	65
6. Al principio fue el prosimio	71
7. La inventiva americana	74
8. Los primos lejanos del viejo mundo: Cercopitécidos	96
9. La gran familia: Hominoideos	107
10. Epílogo: La evolución es más que (hu)manos	171
Apéndice 1	174
Apéndice 2	176
Apéndice 3	179
Bibliografía	181
Agradecimientos	201